무엇이 우리를 아프게 하는가

장석봉   지음

도서출판 **위**

무엇이
우리를
아프게
하는가

머리말

나는 이 글을 쓰면서 많이 울었다. 특히 어머니를 생각하면서 울었고, 나의 아내를 생각하면서 또 울었다. 왠지 모르게 복받쳐 오르는 서러움으로 인해 글쓰기를 멈춘 적도 많았다.

나의 지나온 삶을 돌이켜볼 때 스스로에 대한 남모르는 감동도 있었지만 그동안 나의 잠재의식에 감춰져 있던 아픔과 후회들이 내 가슴속 깊은 곳에서 되새김질 되며 느껴지는 그런 실존적인 고독 때문이었을 것이다. 보다 더 지혜롭게 살지 못한 것에 대해 아쉬움은 지금도 여전히 마음 한편에 남아있다. 그러나 이 모든 구체적인 삶의 현장에 하나님의 섭리가 있었다고 생각하니 그 신비스러운 하나님의 은혜에 그저 감사할 뿐이다.

우리 집안 이야기들은 내 존재에 대한 정체성을 다시 한번 확인 시켜 주는 계기가 되었다. 나는 어려서부터 유난히도 호기심이 많았다.

성년이 된 이후에 찾아온 신앙적 갈등은 당시에 나 혼자서 감당하기에는 너무나 어려운 영적 전쟁의 시작이었다. 끝없는 방황! 그리고 순간순간 엄습해 왔던 좌절과 절망감은 내 심장을 멈추게 하기에 충분한 수준이었다. 그러나 이런 시련과 역경이 있었기에 오늘의 내가 지금 이렇게 존재할 수 있는 것 아니겠는가!

그동안 여러 가지 어려움 속에서도 나를 지탱할 수 있도록 많은 힘을 보태주신 고마운 분들이 계시다.

나의 정신적 지주이신 전 성균관대학교 정범진 총장님, 그리고 지금은 고인이 되신 전 고려대학교 김준엽 총장님과 또한 내가 정치 사회적 안목에 눈뜰 수 있도록 도움을 주신 전 한국신당 대표 김용환 의원님, 위 세분은 어린 나이에 아버지를 여의고 부성애(父性愛)에 목말라 했던 나에게는 친 부모님과도 같으신 분들이다.

또한, 고난의 늪에 깊이 빠져 있던 가장 암울했던 시기, 우리 가정을 위해 늘 기도를 아끼지 않으신 동원교회 김의신 목사님, 그리고 항상 같은 마음으로 좋은 벗이 되어 주신 큐렉스 법률사무소의 김규헌 대표변호사님과 고려대학교 호광회(虎光會) 후배들 역시도 잊을 수가 없다.

위 모든 분께 그동안 분에 넘치는 사랑을 받아 왔음을 고백하면서 그간의 보살펴 주신 후의(厚意)에 다시 한번 감사를 드린다.

끝으로 사랑하는 외동아들 형준이에게 보다 더 훌륭한 아빠가 되어주지 못한 미안한 마음을 감출 수가 없다. 그러나 형준이는 힘든 중에도 내가 의지를 잃지 않도록 많은 힘을 보태주었으며 어려운 환경에서도 자신의 꿈을 잘 가꾸어 가고 있다. 아울러 지독히도 힘들었던 시기에 끝까지 신앙의 뿌리를 지켜내며 못난 남편을 한결같은 마음으로 믿어주고 또 악의 수렁에서 건져준 사랑하는 아내 김갑숙 집사께도 진심으로 고마운 마음을 전한다.

모쪼록 이 보잘것없는 작은 글들이 하나님의 섭리 가운데서 모진 역경의 골짜기를 지나고 있는 분들에게 조금이라도 위안이 되었으면 하는 바람이다.

2021. 5.

장 석 봉

목 차

제1장

소중한
인연

장자(莊子) 이야기

    사람들은 누구나 자기 나름의 생각을 갖고 살아간다. 결국 인간은 모두 제각기 많은 생각들을 하면서 자신의 삶을 영위해 가고 있는 것이 우리 보통 사람들의 일상적인 삶의 모습일 것이다.

    그러면 현실적으로 우리의 삶에 직접적인 영향을 주는 주된 요소는 과연 무엇일까?

    나는 크건 작건 한 사람의 일상의 관심사가 곧 그 사람의 삶의 방향을 결정하는 것 아닌가 생각한다. 우리가 어떤 한 사람을 총체적으로 규정할 때 그 사람의 일상의 관심사, 그리고 더 나아가 인간의 실존적 문제에 대한 궁극적인 관심사가 곧 그 사람의 실체라고 간주할 수도 있기 때문이다. 따라서 우리 자신의 일상의 관심사, 그리고 우리의 궁극적인 관심사 역시 무척 다양할 수밖에 없을 것이다.

    그러나 현재 우리가 사는 3차원적 세계 내에서는 시간과 공간의 변화에 따라 그 기준이 되는 가치가 수시로 달라지기도 한다.

    이 같은 관점에서 볼 때 기원전 4세기 중국 춘추전국시대에 살았던 장자와 혜자에 관한 일화는 21세기를 살아가고 있는 우리에게도 시사 하는 바가 많은 것으로 보인다. 장자와 혜자는 서로의 성격은 확연하게 달랐지만 절친한 친구 사이로서 늘 진지한 대화를 나누곤 하였다. 그러던 어느 날 혜자가 양(梁)나라의 재상이 되었다. 이에 장자는 기쁜 마음으로 친구인 혜자를 찾아가 축하해 주려고 하였는데 이를 오해한 혜자의 똘마니들이 혜자에게 가서 아뢰기를

주군! 장자 형님이 양(梁)나라에 와서 주군을 내쫓고 재상이 되려고 하는 것 같습니다.

이 같은 보고를 받은 혜자는 그만 겁이 나서 자신의 부하들을 풀어 사흘 낮과 밤 동안 온 나라 안을 뒤져 장자를 붙잡도록 하였다. 이에 장자는 혜자의 사람들을 피해 직접 혜자를 찾아가 다음과 같은 이야기를 들려주었다고 한다.

남쪽에 새가 살고 있는데 그 이름을 원추(대붕, 大鵬)라고 한다오. 당신은 그 새를 아시오? 이 새가 힘차게 날아오르면 그 날개는 하늘 가득히 드리운 구름과 같고 한번 날갯짓을 하면 파도 일으키기를 삼천리, 또 회오리바람을 타고 구만리 하늘 높이 오르는 엄청난 새인데 대저 이 원추새는 남해에서 출발하여 북해로 날아가지만 아무리 피곤해서 쉬고 싶어도 오동나무가 아니면 머물지를 않고 아무리 배가 고파도 연시가 아니면 먹지 않을 뿐만 아니라 또 아무리 목이 말라도 약수가 아니면 마시지를 않는 그런 어마어마한 새라오.

그런데 썩은 쥐를 뜯어 먹고 있던 메추라기 한 마리가 대붕이 지나가는 것을 보고는 혹시라도 자신이 먹고 있던 썩은 쥐를 빼앗지나 않을까 하여 하늘을 올려다보며 "짹짹짹"하고 소리를 쳤다는 것이오.

장자는 다소 두려움에 떨고 있는 혜자에게 점잖게 한마디 하고는 유유히 그곳을 떠났다고 한다.

우리가 이 일화에서 느낄 수 있는 것은 사람마다 서로의 관심사가 크게 다르다는 사실이다. 우리 주변의 많은 사람을 살펴볼 때 어떤 사람은 평생 맹목적으로 돈만을 벌기 위해 사는 것 같은 사람도 있고, 또 어떤 이는 그저 출세만을 위해 사는 것처럼 보이기도 한다.

사실 성공(成功)과 출세(出世)는 서로 구분되는 개념으로 이해하여야 하는데 성공이 주관적 가치개념인 반면 출세는 다소 객관적 가치개념에 더 가깝다고 할 수 있다.

예를 하나 든다면 시골로 귀농하여 농사일을 돌보며 유유자적하면서 사는 사람을 우리가 일반적으로 출세했다고는 말할 수 없어도 그 자신은 스스로의 삶에 대해 성공한 삶으로 인정할 수도 있기 때문이다.

최근 우리 사회에 인문고전 열풍이 강하게 불고 있다. 동양에서의 인문고전이란 결국 공자(孔子)와 맹자(孟子) 그리고 노자(老子), 장자(莊子) 사상이 그 핵심을 이루고 있다고 해도 과언은 아닐 것이다. 그러면 우리가 인문고전을 읽어야 하는 이유는 무엇일까?

무엇이 우리를 아프게 하는가

아마 우리 사고의 저변에 필로소피컬해빗(philosophical habit)을 갖추는 데 도움을 줄 수 있기 때문일 것이다. 결국 이 같은 습관은 우리 인간이 기본적으로 습득해야 할 덕목이기도 한 것이다. 따라서 인문고전에 바탕을 둔 이런 균형 잡힌 인격을 올바로 갖춘 기업인, 언론인, 정치인 그리고 고위 공직자 또는 문화예술인들이 사회적 리더로서의 역할을 다할 때 그 사회가 건강하게 유지될 수 있는 것이며 또한, 사상적 천박함에서 벗어나 보다 더 성숙한 사회적 품격을 조성할 수 있게 될 것이다.

인간은 누구나 자신만의 독특한 향기를 지니고 살아간다. 그러나 이 같은 향내가 모든 사람에게 배어 있는 것은 아니며 어떤 이들은 도리어 역겨운 악취를 뿜어내기도 한다. 그러면 어떻게 하여야 이처럼 우아한 인격의 향기를 우리 자신도 풍겨낼 수 있는 것일까?

깨어진 술독에 술을 아무리 많이 부어본들 항아리에 술이 담겨지지는 않지만 대신 술 항아리에는 그윽한 술 향이 배어서 남아 있다. 마찬가지로 우리가 책을 아무리 많이 읽는다 하더라도 그 책의 내용을 모두 외워 기억할 수는 없다. 단지 우리가 무엇에 관심을 갖고 또 무슨 책을 읽었느냐에 따라 그 깨달음이 향기가 되어 우리 인격에 배어지게 되는 것이다.

결국, 이 같은 깨달음으로 인해 그간 우리의 인격에 짙게 배어 있던 향기가 자신도 모르는 사이 저절로 풍겨나게 되는 것 아닐까? 따라서 우리는 오랜 세월에 걸쳐 이미 검증된 인문고전을 가까이 두고 읽으면서 우리 일상의 관심사를 아름답게 가꾸어 가야 한다. 이들 관심사가 서로 잘 어울려

균형과 조화를 이뤄낼 수 있어야 하기 때문이다. 이 같은 향기를 고루 간직하고 있는 사람이야말로 지도자로서의 품격을 온전히 갖춘 인재(人才)라고 우리 모두가 자신 있게 말할 수 있는 것 아니겠는가!

지금 우리 사회에는 국민 모두로부터 존경을 받기에 부족함이 없는 민족적 지도자가 정녕 없는 것일까? 현재 우리 사회는 우리 같은 보통 사람들의 상처 난 아픈 마음을 달래줄 균형 잡힌 인격의 지도자가 그 어느 때 보다 더욱 절실히 요구되고 있지만 우리 국민 모두는 혼돈의 늪에서 허우적거리며 아직 헤어나질 못하고 있다. 작금의 국정농단사태를 무기력하게 지켜볼 수밖에 없는 민초로서 그냥 가슴이 무너져 내린다.

다시 원제(原題)로 돌아가 말을 이어보자. 또 어떤 사람들은 자신의 이익보다는 남의 어려움을 더 걱정해주며 더 나아가 일평생(一平生) 국가와 민족을 위해서 살아온 사람들도 있다.

또한, 어떤 이들은 영원한 삶에 대한 갈망을 가지고 현생(現生)의 문제보다는 내생(來生)의 문제, 즉 죽음 다음에 있을 영원한 세계에 더 마음을 두고 살아가기도 한다.

이처럼 사람들은 모두 제각기 자신의 관심사대로 자신의 고유한 삶을 영위해 가고 있는 것이 현실적 삶의 진솔한 모습일 것이다. 그렇다고 이 같은 인간의 다양한 관심사들을 어쭙잖게 가치 이원론이나 흑백논리에 꿰맞춰 옳다, 그르다 또는 더 낫다, 더 못하다 하는 식으로 이분화시켜 논할 생

무엇이 우리를 아프게 하는가

각은 추호도 없다. 단지 우리가 이 같은 이야기를 접하면서 먼저 생각해 보아야 할 것은 과연 나 자신의 주된 관심사는 무엇이냐 하는 것이다. 어제의 공신이 오늘에 와서는 역적이 되기도 하는 가치의 극한적 반전 현상은 비단 정치 세계에서뿐만 아니라 우리의 구체적인 삶 속에서도 언제나 나타날 수 있는 것이기 때문이다.

하루가 다르게 급변하는 현실 상황 속에서 진정 우리의 궁극적인 관심사는 무엇일까?

우리의 관심사를 큰 틀에서 구분해 본다면 한쪽은 우리가 살아 있는 동안의 현실 문제에 집착하는 것이고 또 다른 한편은 죽음 이후의 영원한 세계에 관심을 두는 것일 거다.

영혼이 없는 동물들의 관심사도 어쩌면 인간의 본능적인 욕구와 크게 다르지 않을지도 모른다. 유한한 존재로서의 우리가 모두 영원한 영적 세계에 관해 관심을 갖지는 못할지라도 한 국가의 건전한 시민으로서의 관심사, 그리고 한 가정의 건실한 구성원으로서의 관심사 등, 이 모든 크고 작은 관심사들이 서로 잘 어울려 아름답게 조화를 이룰 때 개인은 물론 그가 속한 사회와 국가는 언제나 그렇듯 건전한 본래의 제 모습을 유지할 수 있을 것이다.

사람 중에는 종교적 신앙이 없어도 부귀를 누리고 악인 중에도 부귀와 안락을 누리는 사람이 많은데 신의 교훈은 무엇인가?

삼성의 창업자이신 故 이병철 회장께서 돌아가시기 한 달여 전 던진 질문이다. 이에 대해 인천 가톨릭대학교 차동엽 교수께서 답을 하셨다.

개그 프로를 보면 "이 더러운 세상"이라는 유행어가 있었다. 불공정한 사회라는 거다. 악인이 버젓이 잘살고 있을 때 사람들은 신의 존재를 의심한다. 부조리 현장에서 신이 침묵하는 것으로 보이기 때문이다. 그런데 불공정사회를 만든 것은 신이 아니라 인간이다. 더 정확히 말하면 인간의 탐욕이다. 한국이 불공정사회라면 그걸 책임지고 개선해야 할 주체는 신이 아니라 대한민국 국민이다. 신은 인간에게 자유의지를 주었다. 그래서 죽음의 순간까지 기회를 주는 거다. 여기서 우리는 오히려 신의 자비를 본다. 벌은 사후 또는 종말 때 주어지는 것이다.

유한(有限)한 존재가 무한(無限) 앞에 홀로 섰을 때 느낄 수밖에 없는 실존적 고독! 우리는 우리 자신의 힘만으로 이처럼 지독한 고독의 질곡에서 벗어날 수는 없다. 현실적 삶의 무게에 지쳐있는 우리에게 2,000년 전 십자가에 못 박혀 돌아가셨으나 홀연히 부활하신 예수님의 메시지는 어쩌면 우리의 일상의 관심사를 한 차원 높여주기에 충분할지도 모른다.

우리가 세상을 살아가면서 자신이 닮고 싶은 누군가에게 한번 관심을 가져본다는 것! 지금 우리에게 이것보다 더 가치 있는 일이 또 무엇이 있겠는가!

우리는 현재 한 치 앞도 알 수 없는 혼돈의 시대를 살아가고 있지만, 우리

무엇이 우리를 아프게 하는가

자신의 관심사를 2,000년 전의 온전한 인격자이신 예수님께로 돌려 우리 삶의 궁극적인 목적에 대해 다시 한번 진지하게 고민해 보는 것은 어떨까?

건전한 보통 사람들의 건전한 상식이 특히나 요구되는 오늘날! 우리는 자신의 관심사들을 다시 한번 돌아보아 이를 재정비할 줄 아는 지혜를 가져야 할 때가 아닌가 생각한다.

저 멀리 허공(太虛)의 별들을 바라보며 풀벌레 소리마저 애처롭게 들리는 이 적막한 밤에 삶이라는 고독의 늪으로 그냥 흠뻑 젖어 본다

시골 초등학교
운동회

나는 청소년 시절부터 정치에 대한 동경이 조금은 있었던 것 같다. 사실 개인적 성향으로 볼 때 정치라는 다소 터프(tough)한 이미지에 전혀 어울릴 것 같지 않아 보이지만 어려서부터 남 앞에 서는 것에 대해서 특별히 어떤 거부감 같은 것은 없었던 것으로 기억한다.

결혼 후 나이 사십이 될 때까지 사법고시에 집착한 것도 어쩌면 변호사라는 신분으로 정치에 참여하겠다는 일종의 욕심 때문이 아니었나 싶다.

결국, 나는 20년 동안 봉직한 KT를 사직(辭職)하고 국회의원선거에 출마할 준비를 하였다. 나이 오십이 되기 전에 무엇인가에 도전이라도 해봐야 하지 않겠느냐는 일종의 강박관념 같은 것도 작용했을 것이다.

1998년 당시 평화민주당은 자유민주연합과 연대하여 정권창출을 이루어 냈고 김대중 대통령은 김종필 자유민주연합 총재를 국무총리로 지명하였다. 그러나 대통령 중심제를 내각책임제로 바꾸기로 한 약속을 당시 집권당이었던 평화민주당이 이행하지 않자 자유민주연합 내부에서 불협화음이 일기 시작했고 양당 간의 약속이었던 내각책임제 시행에 미온적인 태도를 보이고 있던 당 지도부의 정책에 반대해온 김용환 의원께서는 자유민주연합을 탈당하여 한국신당을 창당하게 된다. 당시 김용환 의원님의 이런 결정들이 내게는 무척 신선하게 느껴졌다. 고심 끝에 결국 나는 한국신당에 입당하였고 고향인 청주 흥덕구에 출사표를 던지게 된 것이다.

흥덕구는 당시 현역 국회의원인 오용운 의원께서 출마를 포기한 상태였으며 출마자는 한국신당의 본인과 한나라당의 윤경식, 민주당의 노영민, 자민련의 조성훈, 그리고 무소속의 최연호 등 총 5명이었다.

결과는 청주에서 변호사로 활동하고 있던 한나라당의 윤경식 후보가 당선되었다. 그러나 민주당의 오제세 의원은 내게는 청주중학교 2년 선배님으로 흥덕구가 분구된 이후인 2004년 제17대 국회의원을 시작으로 하여 이후 청주시민의 존경까지도 한 몸에 받으며 내리 4선을 하셨고 현재는 대한노인회 수석부회장 및 대한장애인농구협회 회장직을 맡아 사회적 취약계층의 복리증진을 위해 혼신의 힘을 쏟아 붓고 있다. 선배님은 앞으로도 고향과 국가발전을 위해 큰 힘이 되어주실 것으로 나는 확신 한다.

나와 죽마고우인 호식이는 당시 청주에서 유통업을 하고 있었다. 전에 국회의원 보좌관을 지낸 적도 있어 나는 친구에게 선거사무 총괄을 부탁했다. 특히 세광고 동기인 안병두와 호광회 후배 문광균은 당시 선거 사무에 많은 도움을 주기도 하였다.

그러나 결과적으로 나는 위 분들께 많은 고통만 안겨주게 되었는데 이토록 가슴아픈 사연을 어찌 몇줄의 글로 다 표현해 낼 수 있겠는가!

당시 선거는 내가 평소에 생각하고 있었던 개념하고는 거리가 멀었고 전반적으로 실망스러운 분위기였다. 선거 때만 되면 상대 후보에 대한 악성 루머가 나돌고 이로 인해 선거 분위기는 점점 흉흉해지는 것이 일반적인 선거판의 정서인데 나는 이런 문제를 해결해 보고자 '상대 후보 칭찬해주기 캠페인'을 벌이자며 후보 모두를 오찬에 초대하여 이 같은 제안을 하였다.

이후 나는 상대 후보들에 대한 칭찬 한마디씩을 신문과 방송에 발표하기도 하였는데 당시 청주의 지역 신문과 TV 방송국에서는 이 같은 운동이 참신하다며 선거 미담으로 크게 보도하기도 하였다.

며칠 후 서울의 모 공중파 TV 방송국 기자 한 분으로부터 내게 전화가 걸려 왔다. 본 방 메인 뉴스 시간에 '상대 후보 칭찬해주기 캠페인'을 취재하고 싶은데 후보들이 다시 한번 자리를 같이하여 줄 수 있겠느냐는 것이다. 나는 불가능하다고 답을 드렸지만, 마음 한편으로는 씁쓸한 생각을 지울 수가 없었다.

당시 나의 선거공약 중의 하나는 사회복지제도의 효율적인 운용이었다. 인간은 누구나 그 능력이 모두 똑같을 수는 없다. 따라서 개인의 능력에 비례하여 경제적 여건이 차등화될 수밖에 없는데 그러나 인간이라면 누구나 사회경제적으로도 평등하게 살기를 원하고 있다는 것 역시 부인할 수 없는 사실이다. 자유민주주의 체제하에서의 자유경제주의, 즉 자본주의 경제 사회란 결국 이런 국민 상호 간 경제적 불균형의 문제를 해결하는 것이 우선시될 수밖에 없지 않겠는가!

이 같은 경제적 불균형의 문제를 해결하기 위해 공산주의도 발생할 수 있었던 것 아닌가 싶다. 그러나 사회주의 경제 체제의 실험은 결국 실패로 판정이 났고 그렇다면 과연 어떤 경제 체제가 빈부 차를 극소화하고 국민 복지 향상을 극대화할 수 있느냐 하는 것 아닐까?

국가적으로 볼 때 국민소득의 증대가 곧 국민 행복지수의 향상을 의미하지는 않는다. 통계적 수치의 문제가 아니라 국민 개개인이 감정적으로 느낄 수 있는 정신적 만족의 문제가 더 중요할 거라는 생각이다.

나는 개인적으로 이 같은 경제적 불균형의 문제를 해결해야 할 주체는 당연히 국가가 되어야 한다고 생각한다. 이 같은 생각에 동의하지 않을 사람은 없겠지만 사실 해결 방법을 찾기란 그리 쉽지만은 않아 보인다. 결국은 개인별 능력 차에서 오는 경제적 불균형을 해소하기 위해서 국민으로부터 권한을 위임받은 국가가 어떤 솔루션을 갖고 있느냐 하는 것이 문제다.

이 같은 문제를 해결할 수 있는 유일한 방법은 자유민주주의 정치체제 하에서의 자본주의 경제체제라고 나는 생각한다. 능력이 있는 누군가는 국가 경제를 위해서라도 자신의 기업을 성공시켜 이를 세계적인 기업으로 만들어내야 한다. 국가는 이들이 세계적인 기업으로 성공할 수 있도록 적극 지원을 해야 하고 또, 국가의 전폭적인 지원을 통해서 획득한 부(富)의 일부를 합리적인 분배 시스템을 구축하여 그 혜택이 전 국민에게 골고루 돌아 갈 수 있도록 해야 한다.

이런 방식을 통해 합리적 분배 정의가 실현된다면 정부와 기업과 국민이 서로 화합하지 못할 이유가 어디 있겠는가!

그렇다면 이 같은 합리적인 분배 시스템을 어떻게 구축하느냐의 문제로 관심이 쏠릴 수밖에 없다. 모든 국민이 행복하게 잘 살 수 있는 이런 고급 문화를 정착시키기 위해서는 경제적으로 성공한 기업이 진정으로 존경받을 수 있는 사회가 실현될 수 있어야 한다.

이를 위해서는 투명한 조세정책의 실현 외에도 건전한 기부문화의 정착이 매우 중요할 거라는 생각이 든다. 정부의 적극적인 지원과 국민의 열화와 같은 성원으로 기업이 성공할 수 있었다고 기업 스스로가 인정하게 된다면 기업은 자신의 부를 흔쾌히 사회에 환원할 수 있을 것이고, 이를 통해 복지혜택을 충분히 누릴 수 있는 국민은 기업에 대한 적대감을 자연스럽게 철회할 것이기 때문이다.

또한, 기업이 이런 역할을 할 수 있도록 국민으로부터 위임받은 권한을 성의롭게 행사한 정부에 대해서도 국민은 역시 고마운 마음을 갖게 되지 않을까? 기업에 대한 규제와 통제가 지독히도 많은 우리나라의 기업 현실을 긍정적인 시각으로 이해하고 있는 기업인은 아마 없을 것이다. 정부와 기업이 행정규제와 과세 등의 문제로 마치 숨바꼭질하는 듯한 불편한 관계는 어쩌면 우리의 민족성에 그 뿌리가 있는 것은 아닌지 우리의 과거를 되짚어 보게도 된다.

건전한 기부문화의 정착! 우리 사회의 계층 간 갈등과 빈부 차를 극복할 수 있는 유일한 방법일 것으로 나는 확신한다.

우리나라 옛 속담에 "사촌이 땅을 사면 배가 아프다"라는 말이 있다. 어떤 면에서 보면 우리 민족은 남이 잘 되는 것을 별로 달갑지 않게 여기는 성향도 있어 보인다. 재벌과 부자들에 대한 적대감이 만연해 있는 작금의 현실은 우리 국민의 이 같은 정서에 기인하고 있는 것은 아닌지 그저 안타깝게 느껴질 때가 많다. 자신보다 현재 더 좋은 환경에서 사는 다른 사람이 자신과 같은 수준으로 살게 된다면 자신의 생활수준이 현재보다 더 하향 조정된다고 할지라도 이를 수용할 수 있다고 스스로 생각하고 있는 것은 아닌지 우리 모두 자기 생각을 다시 한번 점검해 보아야 할 필요가 있지 않을까? 이런 왜곡된 사회의식이 진정한 의미의 평등을 의미하는 것은 아닐 것이다. 남을 이롭게 하는 것이 결과적으로는 자신에게도 유익한 것이라는 지극히 평범한 진리를 우리 국민 모두가 깨달아 실천할 때 비로소 분배의 정의는 실현될 수 있을 것이다.

부의 재분배! 결국, 이 문제를 어떻게 해결하느냐에 따라 한 나라의 정치 경제 체제가 결정될 수 있을 정도로 현대사회에 있어서 부의 재분배 문제는 아킬레스건이 아닐 수 없다.

지금 우리 사회는 젊은 세대들이 점점 꿈을 상실해 가고 있다. 꿈을 펼칠수 없는 나라! 태어날 때부터 이미 금수저, 흙수저로 신분이 고착화되어 있는 나라! 헬 (hell) 조선! 결국, 지옥 같은 나라라는 의미가 아니겠는가! 그러면 어떻게 하여야 꿈을 상실한 이들 젊은 세대에게 다시 희망의 불씨를 안겨줄 수 있을까?

이에 대한 해답은 노인 문제 해결에서 먼저 답을 찾아야 할 것이다. 은퇴한 부모 세대의 빈곤은 젊은이들에게 자신의 장래에 대한 불안감과 두려움을 야기할 수밖에 없다.

왜냐하면, 부모 세대의 문제가 곧 자신들의 문제라고 생각할 것이기 때문이다. 악성 바이러스와도 같은 이런 부정적 마인드는 젊은이들에게서 꿈과 희망을 빼앗아 가기에 충분해 보인다. 노인들에 대한 단순한 재정적 지원만으로는 이와 같은 근원적인 문제를 해결할 수는 없을 것이다. 어부에게 고기 잡는 방법을 가르쳐줘야 하듯이 노인 빈곤의 문제는 이를 근본적으로 해결할 수 있는 특별한 시스템 구축이 절대적으로 필요할 것으로 본다 .

노인들이 앞으로 남은 삶을 젊었을 때보다도 더 행복하게 보낼 수 있는 이런 우아한 시스템이 구축되어 있다면 모든 문제가 이미 다 해결된 것 아닐까?

무엇이 우리를 아프게 하는가

우리나라에는 선거가 유독 많은 편이다. 지방자치단체장인 도지사, 시장, 구청장, 군수 그리고 교육감, 지방의회의원, 국회의원 등 크고 작은 선거들이 계속 이어지고 있는데 모두 정당 공천이 필요하다.

특히 지방 소도시의 경우에는 선거로 인한 후유증을 꽤 많이 앓고 있다는 소문도 심심찮게 들려온다. 여당, 야당으로 패가 나뉜 지역 주민 간의 갈등은 선거가 끝난 후에도 해소되지 않고 주민 정서를 해치곤 하는데, 나는 모든 선거가 시골 초등학교 운동회처럼 치러져야 한다고 생각한다.

사실 시골 초등학교의 운동회도 동네 사람들이 청군과 백군으로 나뉘어 결국은 이기는 편과 지는 편이 생길 수밖에는 없다. 그러나 운동회가 끝나고 나면 이긴 편이건 진 편이건 승패와 관계없이 섭섭함은 금세 잊어버리고 만다. 운동회에서 졌다고 해서 무슨 감정의 앙금이 남아 있겠는가!

지역주민을 위한 자신의 정책 제안이 당장에는 선택받지 못하였더라도 다시 새로운 정책을 개발하여 다듬고 또 보완해서 차기 선거를 준비해야 하는 것이 합리적인 생각이 아닐까? 정책 대결에는 관심조차 없고 무조건 상대 후보를 모함해서라도 흠집을 내어 반사 이익을 얻으려고 하는 현재와 같은 네거티브 선거풍토는 우리 사회를 서서히 병들게 할 것이고, 종국에는 심각한 사회적 갈등을 유발할 수밖에는 없을 것이다.

나는 이 같은 폐단을 극복해 보고자 상대 후보 칭찬해주기 캠페인을 선택했었다. 이런 여건이 자연스럽게 조성된다면 선거 분위기는 시골 초등학교 운동회처럼 이긴 편이나 진 편 모두가 결과에 상관없이 선거라는 축제를 통해 오히려 더 건강하게 화합할 수 있을 것이다.

나는 평소 미국이나 영국의 정당 제도를 무척 부러워 했다. 자유민주주의의 핵심은 합리적인 정당 제도의 운용에 있을 것이다.

우리나라의 정당은 과연 자유민주주의의 본질에 부합하는 성숙한 역할을 하고 있다고 자신 있게 말할 수 있을까?

우선 우리나라의 정당은 정당 이념이나 정당 조직을 떠받쳐줄 수 있는 일종의 이념적 파워그룹(Power Group)이 없다. 사실 정당의 표면적 개념은 물 위에 떠 있는 빙산의 일각과 같을지도 모른다. 진정한 의미에서 정당 활동이란 외관상으로는 드러나 있지 않은 물 밑의 빙산처럼 외관상 드러나 있는 모습 그 이면에서 작용하고 있는 파워그룹 내의 총체적인 활동이라고도 할 수 있을 것이다. 결국, 대통령 후보도 이런 파워그룹 내의 구성원 간 역할 분담을 통해 이미 준비된 사람 중에서 추대되는 것이 바람직할 것이라 생각된다. 정당 이념에 맞는 분야별 사람들로 구성된 파워그룹 내의 공통 관심사를 구성원 모두가 공유하게 될 때 비로소 그 정당의 아이덴티티(Identity)가 형성될 수 있을 것이기 때문이다. 이 같은 형태의 정당이야말로 오랜 세월이 흘러도 그 정당의 이념이나 정책 기조가 큰 틀 안에서 흔들리지 않고 그 정체성을 유지할 수 있는 가장 이상적인 정당이라고 할 수 있을 것이다.

우리는 흔히 준비된 정치인 또는 준비된 대통령 운운하면서 말은 쉽게 한다. 그러나 진정한 의미로 사회 분야별 준비된 인재들을 지금의 우리 사회가 충분히 보유하고 있다고 자신 있게 말할 수는 없을 것이다. 우리나라의 정당 정치가 올바로 정립되려면 이 같은 조건들이 완비될 때만이 가능하게 될 것이라고 나는 굳게 믿고 있다.

영어에 unchanging 과 constant 라는 단어가 있다. 이 세상에 변하지 않는 것은 아무것도 없을 것이다. 태양은 진정 변하지 않고 있는 것일까? 태양 내부에서는 가스 폭발과 같은 변화가 끊임없이 일어나고 있다. 단지 우리 눈에 늘 같은 모습으로 보이는 것뿐이다. constant 란 항상 그러한 본래제 모습을 유지하고 있는 것을 의미한다.

우리의 정당도 내면의 이데올로기나 정당 정책 등은 시대적 환경에 따라 끊임없이 변화될 수밖에 없다. 그러나 외관상으로는 항상 그러한 모습 즉, 한결같은 정당의 정체성을 보여줄 수 있어야 국민에게 무한한 신뢰를 받을 수 있을 것 아니겠는가!

태양이 내부적으로는 무한히 변화하고 있지만, 외적으로는 항상 같은 모습으로 우리에게 믿음을 주고 있듯이 정치인과 그들이 속한 징당도 내적으로는 무한한 변화와 발전을 거듭하면서 외적으로는 항상 일관된 모습을 보여줄 수 있어야 모든 국민이 신뢰하고 따를 수 있을 것이다.

그러나 본래의 제 모습을 온전하게 유지하여야 하는 것이 어찌 정당뿐이겠는가! 우리 인간에게도 마찬가지로 적용되는 이치가 아닐까? 내면의 정신세계에서는 무한한 갈등과 번민 속에 있지만 이를 극복해 내고 외적으로는 자신만의 고유하면서도 우아한 모습을 지켜내야만 한다. 왜냐하면 정당뿐만이 아니라 우리 인간들도 constant 한 본래의 제 모습을 잃지 않아야만 주위로부터 무한한 신뢰를 받을 수 있을 것이기 때문이다.

선거 때마다 정당 이름이 바뀌고 철새 정치인들은 때에 맞춰 이 당 저 당을 옮겨 다닐 수밖에 없는 우리의 정치 현실은 아직도 후진성을 면치 못하고 있는 것이 사실이다.

모 여론조사 기관의 설문조사에서 밝히고 있듯이 거짓말을 가장 잘할 것 같은 집단으로 정치인을 지목하고 있는 현실이 어쩌면 우리를 더 우울하고 부끄럽게 만들고 있는지 모른다.

가장 존경받고 신뢰받을 수 있는 대상으로 국민 모두가 정치인을 뽑을 수 있는 사회가 우리에게는 언제 도래할 수 있을지 생각을 거듭할수록 마음이 더욱더 무거워진다.

선거를 치르다 보면 재미있는 일도 많이 겪게 된다. 한번은 새벽 등산을 떠나는 관광버스에 올라 유권자들과 일일이 악수를 하며 인사를 나누고 있었는데 예쁘장한 젊은 주부가 말을 건넸다.

후보님! 악수하실 때 지금처럼 밋밋하게 하시면 안 됩니다. 다음부터는 제가 가르쳐드리는 방법으로 한번 해보세요. 먼저 상대의 손을 가볍게 잡은 다음 상대방과 눈을 마주치며 살짝 미소를 지어 주세요. 그리고 동시에 다시 한번 손을 꼭 쥐여주시면 됩니다. 그래야 상대방이 후보님의 애정 어린 마음을 듬뿍 느낄 수 있지 않을까요?

나는 이 고마운 분이 가르쳐주신 대로 악수하는 법을 바꾸었는데, 역시

전보다는 유권자들과 더 깊은 교감이 느껴졌다.

또, 선거 기간에 후보자들이 난감해 하는 문제가 종교적 신념의 문제일 것이다. 나는 크리스천이지만 선거기간 중에는 절에도 가서 백팔배도 해야 했고 또, 기타 종교의 집회에도 참석해야만 했다.

지금 우리는 그 어느 때보다 사고의 다양성이 특별히 더 요구되는 시대를 살아가고 있다. 따라서 문화의 다양성에 대한 올바른 이해 없이 급변하는 세계정세에 적응하기란 그리 쉽지만은 않을 것이다.

정치인으로서 자신의 종교적 신념과 부합되지 않는 행동을 할 수밖에 없는 현실도 어찌 보면 후보자들에게는 가장 곤혹스러운 일이 아닐 수 없을 것이다. 그러나 우리 사회는 종교인들 스스로가 오히려 더 편을 가르려는 성향이 있어 보인다. 그것이 종교가 되었건 학연, 지연이 되었건 간에 자신과의 관계성이 확보되어 있지 않으면 무조건 배척하고 보는 지금과 같은 선거문화 속에서는 시대가 요구하는 훌륭한 인재를 지도자로 선출할 수 없기 때문이다. 우리 국민 모두가 성숙한 시민의식으로 완전무장 되어 있을 때 우리 사회는 보다 더 걸출한 국민적 리더를 배출해 낼 수 있을 것이다.

선거가 한창일 때 한국신당의 김용환 대표님은 나를 위해 몇 번이나 청주를 찾아 주셨다.

이 같은 고마움에 대해 어떻게 감사를 드려야 할지 오랜 시간이 흐른 지금까지도 마음 한편에 죄송스러운 마음이 남아 있다.

선거가 끝난 후 김용환 의원님은 자신의 지역 선거구 위원장을 차기 후보에게 흔쾌히 양보하시고 이후 정계에서 은퇴하셨다.

우리가 인생을 살아가면서 나설 때와 물러설 때를 스스로 잘 분간할 줄 아는 것이 얼마나 중요한 일인가!

전 성균관대 정범진 총장님께서는 학교 발전을 위해 삼성을 학교재단법인으로 영입하고 의과대학을 신설하는 등 큰 업적을 남기셨으나 자신의 공에 머물지 않으시고 여러 교수님과 많은 학생의 아쉬움을 뒤로한 채 퇴임하셨다.

전 고려대학교 김준엽 총장님께서도 시국과 관련하여 학교를 떠나신 후 국무총리 취임 제안을 끝까지 고사하시고 그냥 재야에 머무는 것을 선택하셨다.

위 세분은 우리 국민 모두에게 귀감이 되시며 또한 존경을 한 몸에 받고 계신 훌륭한 지도자 이심에 틀림이 없다고 나는 확신한다.

21세기를 살아가고 있는 우리 자신이 누군가 꼭 닮고 싶은 사람을 단 한 명이라도 마음에 품고 사는 사람은 얼마나 될까? 또 반대로 자신을 닮고 싶어 하는 사람이 단 한 명이라도 있을 것으로 확신하면서 사는 사람은 또 몇이나 될까?

김용환 의원님은 내가 꼭 닮고 싶은 분이심에 틀림이 없다. 의원님께서는 거친 광야의 시대를 살아갈 수밖에 없는 연약한 우리에게 항상 온화한 모습으로 많은 위안이 되어 주셨다. 개인적으로 아무리 어려운 부탁을 드려도 마다하지 않고 도와주시려 애쓰시는 의원님을 뵐 때마다 죄스러움이

무엇이 우리를 아프게 하는가

먼저 느껴지는 것은 어쩌면 당연한 일 아닐까?

　국가적으로도 훌륭한 정치적 지도자이심은 물론 인간적으로도 무척 다
정다감하신 대표님! 나는 이런 의원님을 무척 좋아한다. 어떤 땐 자상한 아
버지처럼 또 어떤 땐 집안의 큰형님처럼 항상 훈훈함을 안겨 주셨다. 정계
은퇴 후에도 의원님은 자신을 따르던 당직자들을 끝까지 책임지시고 그들
의 앞길을 세심한 배려로 살펴주기도 하셨다. 생전에 자주 찾아뵙지 못한
불충을 용서받을 수나 있는 것인지, 의원님에 대한 그리움이 밀물처럼 밀
려와 어느새 눈가엔 이슬이 맺혀온다.

　의원님께서는 박정희 대통령 시절의 일화를 가끔 내게 들려주시곤 했는
데 아마 당시 남다른 총애를 받아오신 때문일지도 모른다. 매일경제 김은

표 기자의 2013년 4월 25일 자 기사문을 여기 옮겨본다.

　50년 전인 1963년의 일이다. 5.16으로 집권한 박정희 대통령(당시 대통령 권한대행)은 경제 개발을 위한 종잣돈 자체를 구할 수 없는 현실에 발을 동동 구르고 있었다. 그런데 반가운 소식이 들려왔다. 서독 정부가 5,000명 정도의 광부를 보내줄 수 있느냐는 제의를 해온 것이다. 당시 서독 광부의 한달 임금은 한국 직장인의 무려 8배 수준이었다. 실업률 40%, 국민소득 79달러였던 현실에서 광산 경험이 전혀 없는 고학력자들의 지원이 쇄도했다. 1977년까지 독일로 건너간 광부와 간호사는 모두 1만 8천여 명으로 이들이 보여준 성실성과 막대한 송금액 덕택에 한국 경제는 도약할 수 있었다.

　1963년 말 대통령 선거에서 당선된 박정희 대통령은 이듬해 경제개발을 위한 차관을 구하기 위해 서독을 방문한다. 루트비히 에르하르트 총리와의 만남을 통해 철강, 정유, 자동차 등 중화학 산업 육성과 고속도로 건설의 중요성을 절감한 박정희 대통령은 이후 루르 탄광을 찾았다. 500여 명의 흙투성이 광부들이 흐느끼며 부르는 애국가를 들은 박정희 대통령은 결국 준비한 원고를 읽지 못했다.

　"내 가슴에서 피눈물이 납니다. 후손들에게 만큼은 잘 사는 나라를 물려줍시다."

　즉흥 연설을 하던 박정희 대통령이 소리 내어 울기 시작하자 행사장은 눈물바다가 됐다. 지긋지긋한 가난에 대한 恨, 식민지 시대와 6·25전쟁을 거치면서 피폐해진 조국 현실에 대한 분노가 눈물로 터져 나온 것이다.

어느 정부이건 훌륭한 리더와 훌륭한 참모들이 이우러져 만들어 내는 균형 잡힌 정책들이야말로 많은 국민을 감동시킬 수 있을 것이다.

우리 국민 대다수가 좌절과 절망의 늪에 깊이 빠져 있을 때 새마을운동이라는 걸출한 작품을 만들어 우리에게 자신감과 새로운 긍지를 심어줄 수 있었던 것은 어쩌면 단순한 사회개혁 운동이라기보다는 일종의 종교 운동과도 같은 것 아니었나 하는 생각마저 든다.

자신을 굳게 믿어주는 리더를 위해 목숨까지도 미련 없이 내놓을 수 있는 참모가 있다면 그런 정부는 성공할 수밖에 없을 것이다. 훌륭한 지도자는 이런 참모를 만나야 하고 유능한 참모 또한 이런 지도자를 만나야만 한다. 누군가를 위해 자신을 희생할 수 있다는 것! 무척 아름다운 마음씨 아니겠는가!

자신을 희생해서라도 지켜주고 싶은 누군가를 마음속에 품고 있는 것만으로도 무한한 기쁨이 될 수 있다. 그러나 지금의 우리 사회가 이런 고귀한 품격을 갖춘 인재를 그리 많이 보유하고 있지는 못한 것 같다. 점점 삭막해져만 가는 현실이 그저 안타깝게 느껴질 뿐이다. 리더와 참모 간 이처럼 우아한 걸작 관계를 만들어 낼 수 있었던 국민적 지도자가 우리나라 역사상 과연 몇이나 있었을까?

국가적으로도 매우 어려운 현실 상황에서 우리 국민 모두로부터 크게 존경 받을 수 있는 민족적 지도자가 하루 빨리 세워질 수 있기를 간절한 마음으로 기원해 본다.

응답하라! 1974

　누구에게나 그렇겠지만 나는 초등학교 때부터 지금까지 몇몇 친구들과 서로 간 깊은 우정을 나누며 지내오고 있다. 그러나 이렇듯 가까운 친구 중에도 채의석, 김호식, 김광진 그리고 유재문은 벌써 하늘나라 사람이 되었고 지금은 이두형, 조항남 그리고 이덕원 등 나를 포함하여 4명만이 남아있다.

　덕원이는 인도네시아의 자카르타에 살고 있고 두형이는 대한항공에서 점보여객기를 조종하며 전 세계를 누비고 다녔다. 현재는 항남이 만이 청주 고향 땅을 홀로 외롭게 지키고 있는 셈이다.

　사람은 나이가 들수록 친구에 대한 그리움이 더욱더 깊어지는가 보다. 혼자서 가끔 친구들의 어릴 적 모습을 떠올려 볼 때면 그냥 코웃음이 절로 나기도 하고 또 천진난만했던 동심의 세계에 깊이 빠져들기도 한다.

　항남이 아버님은 충북대학교 총장님을 역임하셨고 또한, 나의 결혼식 주례도 맡아 주셨다. 남동생인 항범이는 아버지의 뒤를 이어 현재 충북대학교 교수로 재직 중이고 여동생 항민이는 피아노를 전공하였는데 착하면서 얼굴까지 예쁜 탓에 우리 오빠들로부터 많은 사랑을 받기도 하였다.

무엇이 우리를 아프게 하는가

우리의 사춘기가 막 시작되었던 중딩 3년 차 시절인가 보다. 항남이가 좋아하는 초등학교 동창 여학생이 있었다. 항남이의 안타까운 소식을 들은 우리는 연애편지까지 대필해 줘 가며 데이트를 주선해 주기도 하였다. 당시 중딩녀 말씀이 학교가 끝나고 일단 집에 들어가면 부모님 허락 없이 다시 나올 수가 없다며 등교 전 새벽 시간에는 만날 수 있다고 전갈을 보내왔다. 새벽에라도 만날 수 있으면 다행 아니겠는가! 3월 말경으로 기억한다. 안개가 어슴푸레한 새벽, 어둠이 겨우 걷혀 간신히 서로의 모습을 알아볼 수 있을 정도였다. 새벽잠을 설치고 눈곱을 막 떼어낸 채 광진이와 나는 항남이를 데리고 약속 장소로 행진해 갔다. 중딩녀 역시도 친구와 같이 책가방을 든 채 나와 있었다. 광진이와 나는 철없는 아들 장가보내는 심정으로 항남이 만을 남겨두고 돌아섰는데 사랑 고백이라도 제대로 할 수 있을지 걱정이 먼저 앞섰다. 그러나 애석하게도 그녀와의 인연은 이것이 전부였다. 꼬마 중딩들이 새벽에 만나 무얼 어쩌지는 것이었는지 50여 년이 지난 지금까지도 이해가 되지 않는 대목이다.

사춘기를 지나 성년이 된 후 항남이는 좋은 색시 괴산댁을 만나 지금 알콩달콩 잘살고 있다. '괴산댁'은 우리끼리만 부르는 애칭으로 그 이름만 들어도 순박함이 단박에 느껴진다. 큰딸 문기는 피아노를 전공했다. 서울예고와 서울대 음대를 졸업하고 미국에 유학하여 박사과정까지 마치고 그곳에서 결혼하여 현재 뉴욕 맨해튼에 살고 있다. 아들 완기는 서울대 공대를 졸업한 후 미국에 유학 중이다. 괴산댁의 지극한 정성이 절로 우러나 보인다.

학창시절, 휴일이면 가끔 항남이의 고향 집 과수원을 찾아 일을 도와드리곤 하였다. 새참 때가 되어 사과나무 그늘 밑에서 먹었던 밥맛은 지금까지도 그 감칠맛을 잊을 수가 없다. 싱싱한 무공해 열무김치에 시골 고추장을 듬뿍 넣고 여기에 진짜 참기름 몇 방울을 떨어뜨려 비벼 먹으면 토종 꿀맛 그 이상이었다.

우리가 항남이 집에 놀러 갈 때면 으레 예쁜 여동생 항민이를 불러 놓고 피아노를 연주해보라고 떼를 쓰곤 했다.

당시 청주 촌놈들이 유일하게 알고 있었던 폴 드 세느비유(Paul de Senneville)가 작곡하고 리차드 클레이더만(Richard Clayderman)이 연주한 '아드린느를 위한 발라드'를 억지를 부려가며 얻어듣곤 하였는데, 고사리 같은 손을 살포시 떨며 두드리던 흰 건반의 터치 모습은 지금도 우리 젊은 오빠들의 가슴을 두근거리게 한다.

얼마 전 대한항공에서 점보여객기 조종사로 일하고 있는 두형이 내외, 그리고 항남이와 같이 골프를 쳤다.

학창 시절 두형이와 나는 죽이 잘 맞아서 진공관 앰프를 같이 제작하기도 하였고, 방과 후에는 둘이서 무심천 뚝방 길도 자주 걸었다. 두형이는 당시 학생들의 로망이었던 자전거를 타고 다녔는데 모자는 항상 삐딱하게 비껴 썼고 책가방은 손잡이가 있는데도 불구하고 늘 옆구리에 끼고 다녔다. 스타일이 얼마나 구수했으면 우리가 별명을 '털털이'라고 붙여줬겠는가! 지금도 가끔 만날 때면 비행기 운전을 그 옛날 자전거 타듯이 털털하게

무엇이 우리를 아프게 하는가

하면 안 된다고 충고해 주기도 한다.

두형이는 항공대를 다니며 자취를 했는데 막걸리로 끼니를 때운 적이 많았다고 하면서 막걸리 한 잔에 숨겨져 있는 영양가는 밥 한 끼 못지않다는 영양분석 표까지 들이대며 자신의 애주 벽을 자주 뽐내기도 하였다.

항남이 아버님은 그냥 옆에서 뵙기만 해도 선비 향이 물씬 풍기신다. 가끔 우리를 바라보실 때 아버님의 표정과 그 눈빛은 마치 자식에 대한 사랑으로 완전무장 되신 듯 우리가 감히 마주쳐볼 수 없을 정도로 눈이 부셨다.

언제인가 조선왕조의 순종비가 돌아가셔서 신문에 영정사진이 크게 실린 적이 있었다. 아버님은 신문의 사진을 안방 아랫목에 모셔놓고 자녀들을 다 불러 모아 문상하듯 절을 올리게 하였다. 중국의 공자님께서 다시 환생하신 것은 아닐는지!

아버님은 당신 자녀들의 현재 사는 모습을 면면히 살펴보시며 태교가 매우 중요하다는 것을 새삼 깨달았다고 하신다. 이후 태교에 관한 책을 번역하시고 또한 가훈도 함께 액자로 만들어 자녀들에게 나눠주기도 하셨다.

'積德當先', 덕을 쌓는 것이 당연히 먼저라는 말씀이다.

아버지를 일찍 여의고 자라 온 내게는 이 같은 아버지의 그윽한 사랑이 다소 낯설게 느껴지기도 했지만 한편으론 아버지의 사랑이 무척 그리웠던 것도 숨길 수 없는 사실이다.

나는 항남이 아버님 장례식에도 참석하지 못했다. 당시 문상할 여건이 아니긴 하였지만 지금 돌이켜 생각해 보면 그동안 내가 사람 구실은 제대로 하고 살아온 것인지 그냥 자신이 부끄럽게만 느껴진다.

휴일이면 친구들과 같이 검은 무쇠 밥솥을 새끼줄로 묶어 들고 근처 미호천 등으로 철엽(鐵葉)을 다닐 때가 엊그제 같은데 벌써 이순(耳順)의 나이를 넘기고 있다. 세월이 빠르다고는 하지만 마치 활시위를 떠난 화살처럼 과녁이 바로 코앞에 다가와 있는 느낌이다.

가끔 청주에 머물 때 보름달이 환하게 비추는 눈 덮인 우암산이라도 멍하니 바라보고 있을 양이면 초중딩시절 친구들과 어울려 밤이 이슥하도록 막걸릿잔을 기울이며 재잘거리던 기억이 새록새록 되살아나곤 한다. 우리는 새벽 데이트까지 마다하지 않고 서로를 붙들어주고 격려해 줘가며 사춘기를 무사히 잘 넘겼다. 하늘나라에 먼저 가 있는 친구들에 대한 그리움이 밀물처럼 밀려올 때면 술기운 없이 견디기가 어려워 혼자서라도 골목 어귀 허름한 선술집을 찾곤 한다.

친구 중 이미 고인이 된 채의석하고는 잊지 못할 사연을 많이 간직하고 있다.

의석이는 연세대학교 정외과를 졸업했다. 얼마 전 케이블 티브이 'tvN'에서 '응답하라! 1994'라는 드라마를 방영한 적이 있는데 꽤나 인기가 있었다. 가끔 이 드라마를 볼 때마다 친구 의석이에 대한 그리움이 더욱 간절해지기도 한다. 우연의 일치겠지만 의석이가 신촌 연세대 앞에서 하숙 했던 하숙집 이름도 드라마에 나오는 하숙집 이름과 같은 '신촌하숙'이었다. 나는 수시로 이 하숙집에 들러 밥을 얻어먹곤 했다. 우리의 학창 시절은 '응답하라! 1994'에 나오는 시기보다 20여 년이나 앞서 있지만, 하숙집에

무엇이 우리를 아프게 하는가

서 하숙생들이 함께 어울려 놀던 분위기며 당시의 대학생 문화는 거의 비슷한 것 같다.

예순의 나이에 접어든 나도 40여 년 전 그 시절을 회상하며 감회에 젖곤 하는데 젊음의 낭만이 충만하여 세상 아무것도 무서울 것이 없었던 그 시절에 대한 간절한 그리움이 지금 사오십 대의 젊은 사람들에게는 왜 없겠는가!

이종환, 이장희, 송창식, 윤형주, 배철수, 양희은, 들국화, 신중현 그리고 비틀스, 비지스, 스콜피온, 이글스 등 지금 이름만 떠올려도 가슴이 두근거려 옴을 감출 수 없다. 의석이는 우리 친구 중에서도 가장 멋쟁이였다. 또, 당시에 서울 놈들의 세련된 멋을 흉내 내려 한 것인지는 모르지만 우리 같은 촌놈들은 펜싱이 뭔지도 모를 시절에 의석이는 대학 펜싱동아리에 가입하여 골프를 처음 배운 사람들이 아무 데서나 스윙 자세를 취하듯 작은 볼펜만 손에 들려 있어도 펜싱 자세를 취하며 우리를 자주 기죽게 만들기도 하였다.

의석이는 훤칠한 키에 옷 입는 맵시며 또한 반듯한 외모까지 당시 여대생들이 좋아할 수밖에 없는 조건을 모두 다 갖췄지만 그래도 구변은 나만 못한 것이 사실이다. 그래서인지 둘이 어울리면 그런대로 죽이 잘 맞는 편이었다.

40여 년이 훌쩍 지난 지금도 청주 촌놈 둘이서 촌티 나는 옷을 빼입고 명동이며 종로, 무교동, 그리고 신촌의 이화여자대학교 앞 골목길 이곳저곳을 쏘다니던 생각에 잠시 잠겨보기도 한다. 어쨌거나 당시 나는 의석이와 자주 어울렸고 신촌 연세대 정문 앞 독수리다방은 우리의 아지트나 다름없었다. 혹시나 하는 생각에 평소 잘 읽지도 않는 영어원서를 항상 옆구리에 끼고 다니면서 예쁜 여대생들이 모여 있는 곳이면 기웃거려 보기도 하였지만, 소득은 별로 없었다.

그러던 어느 날 의석이를 만나러 나갔더니 예쁜 여대생과 같이 나와 있는 것이 아닌가! 의석이에게 애인이 생긴 것이다. 미팅에서 만났는데 첫눈에 반했다던가. 어쨌거나 그렇게 두 사람의 인연은 맺어졌고 학창 시절 내내 꿈같은 시간을 보냈을 것으로 생각한다. 의석이는 여자친구를 만나 자신이 준비해간 이야깃거리가 바닥나서 무료해질 때면 나를 불러내곤 하였고, 나는 그때마다 의석이와 여자친구를 위해 기쁨조가 돼 주어야 했다.

의석이는 군 제대 후 복학을 하였기 때문에 여자친구가 먼저 학교를 졸업했다. 이후 고향 부산으로 내려가 고등학교 선생님이 되어 학생들을 가르치면서 오직 신랑감인 의석이가 졸업하기만을 손꼽아 기다리고 있었을 것이다. 그러나 의석이에게는 형님이 한 분 계신 데 의석이가 졸업할 때까지 결혼 하지 않은 상태였다. 여자친구는 나이도 있고 하여 결혼을 빨리하길 바랐으나 의석이 부모님은 형님보다 동생을 먼저 결혼시킬 수 없다며 완강하게 반대하고 계신 상황이었다. 여자 측에서 보면 형님께서 언제 결혼을 하실는지 모르는데 그저 막연히 기다릴 수는 없다는 입장 인지라 마침내 여자친구인 정호 씨가 의석이에게 최후통첩을 보내게 된 것이다. 지금 당장 결혼할 수 없으면 헤어질 수밖에 없다는 말이 아니었겠는가! 물론 엄포일 거라는 생각도 들지만 순진하기만 한 의석이에게는 아마 청천벽력 같은 말로 들렸을 것이다.

"Sorry seems to be the hardest word"

영국의 가수 엘튼 존이 부른 노래의 제목이다. 실제로 한때 사랑했던 연인들이 서로 헤어지면서 흔히 사용하는 말들이 있다. 개그우먼 신보라 씨가 개그콘서트에서 유행시킨 말이기도 한데 먼저 "우리 헤어지자"하고 그 다음에는 "나보다 더 좋은 사람 만나"라고 말한 뒤 마지막으로 'Sorry' 하면서 미안한 표정을 짓는다. 이 순간 'Sorry'라는 한마디의 말은 듣는 이의 마음을 가혹하고 잔인할 정도로 아프게 하는 "The Hardest Word"라고 말할 수밖에 없지 않겠는가!

송년 분위기가 무르익어가고 있던 어느 겨울밤! 아마 밤 10시는 족히 넘었을 시간인데 의석이가 초췌한 얼굴을 하고 나를 찾아왔다. 지금 당장 부산으로 같이 가자는 것이다. 나는 의석이에게 자초지종을 보고받은 후 우리는 서로 머리를 맞대고 작전을 짰다. 나는 정호 씨의 헤어지자는 통고가 그냥 엄포일 거라고 판단했으나 의석이는 진짜라며 막무가내로 우겨댔다. 평소 펜싱 흉내라도 내곤 할 때와는 다르게 의석이 얼굴에 초조한 빛이 역력했다. 의석이 의견은 부산에 내려가서 애인을 무조건 청주로 납치해 오자는 것이다.

이런 정도의 무모한 생각에 사로잡혀 있다는 것은 의석이가 이미 사랑의

포로가 되어 냉철한 이성이 거의 마비된 상태라고 보아야 한다. 나는 의석이를 달래가며 일단 만나본 후 구체적인 방안을 모색하기로 하고 우리는 곧장 서울역으로 달려가 부산행 새마을 열차에 지친 몸을 실었다.

　새벽 6시, 서울역을 떠난 새마을호 야간열차가 부산역에 도착했다. 의석이와 나는 밤샘 영업을 하는 식당을 찾아 해장국을 한 그릇씩 후딱 비우고 의석이를 호텔 커피숍에 혼자 남겨둔 채 택시를 잡아타고 정호 씨 집으로 향했다.

　사실 의석이는 부산에서 정호 씨를 만나 헤어지자는 최후통첩을 받고 청주 자신의 집에 돌아온 후 거의 한 달 이상 밥을 못 먹었다고 한다. 집에서 밥숟가락만 들어도 사랑하는 애인 생각에 그냥 눈물이 확 쏟아졌다고 하니 상사병도 이쯤이면 중증에 이른 수준이 아니었겠는가! 이대로 있다가는 자신이 꼭 죽을 것만 같다는 생각이 들어 어머니께 사실을 말씀드리고 경비를 얻어 나를 찾아온 것이다. 얼마나 아들이 안타까웠으면 애인 납치 비용을 어머니께서 조달해 주셨겠는가! 자식에 대한 어머님의 무한한 사랑에 지금도 눈시울이 뜨거워진다.

　나는 정호 씨 집에 도착하여 초인종을 눌렀다. 집안에서 내 목소리를 알아본 듯 기다렸다는 듯이 정호 씨가 금세 달려 나왔다.

　이렇게 아침 일찍 어쩐 일이세요? 혹시 의석 씨한테 무슨 일이라도 생겼나요?

무엇이 우리를 아프게 하나

나는 이 말 한마디에 오늘 납치극 사태까지는 발생하지 않겠구나 하는 예감이 순간 뇌리를 스쳐 지나갔다.

　사실 의석이한테 문제가 좀 생겼어요. 위험한 상황은 넘겨서 생명에는 지장이 없다고 하는데 지금 청주의료원에 입원해 있습니다. 통 아무것도 먹지를 못한다고 하네요. 두 사람 사이에 무슨 일이 있었길래 이런 일이 벌어진 겁니까?

　심각한 표정을 지으며 나는 사전에 준비한 대로 천연덕스럽게 말을 이어갔다. 마치 겁이라도 주듯이 나무라며 따져 물었지만 정호 씨는 계속해서 "별일 없지요"라는 말만 반복해서 내게 되묻곤 하였다. 이를 옆에서 지켜보고 계시던 새언니의 표정을 나는 지금 까지도 잊을 수가 없다. 시누이의 사정을 모두 알고 계신 입장에서 얼마나 안타까운 심정이셨겠는가!
　정호 씨는 새언니께 애원하듯 말을 남기고 화장할 생각도 못 한 채 쌩얼을 하고 나를 따라 나섰다. 나는 속으로 안도의 한숨을 내쉬며 의석이가 기다리고 있는 부산역 앞 아리랑관광호텔 커피숍으로 향했다. 의석이는 기도라도 하고 있었는지 고개를 푹 숙인 채 눈을 감고 앉아 있었다. 우리가 다가가서 어깨를 툭 치자 놀라서인지 자리에서 벌떡 일어났다. 자초지종을 이야기하면서 우리는 서로를 쳐다보며 한바탕 웃고 있었는데 갑자기 의석이가 심각한 어조로 마치 독백처럼 한 마디를 날렸다.

모든 것을 잃은 줄 알았는데 모든 것을 다시 찾았어. 이제 세상을 다시 얻은 거야!

나는 신기한 듯 뻘쭘한 표정으로 두 사람을 번갈아 가며 쳐다보았다. 사랑이 참으로 오묘한 것이라는 것을 이때만큼 절절하게 느껴본 적도 아마 없었을 것이다.

잃어버렸던 세상을 다시 찾았다는 의석이의 부활을 축하해 주며 우리 셋이는 그날 저녁 부산 시내 뒷골목을 구석구석 누비고 다녔다. 그리고 어머니께서 마련해주신 여비를 모두 소비하고 나서야 나는 두 사람을 부산에 남겨둔 채 이튿날 아침 서울행 열차에 오를 수 있었다. 결국, 두 사람은 결혼했고 나는 결혼식의 사회를 맡았다.

결혼한 후에도 의석이는 아내의 큰 눈이 그리도 예쁘고 자랑스러웠는지 가수 '둘 다섯'이 부른 '눈이 큰아이'를 늘 입에 달고 다녔다. 운전석에 앉아 있을 때마저도 핸들을 한 손으로 두드려가며 '눈이 큰아이'를 불러 대곤 했는데 음치에 가까운 의석이에게 지금껏 다른 노래를 들어본 기억이 별로 없다.

의석이에게는 예쁜 딸이 둘이 있다. 큰딸 혜진이는 아빠를 닮았다며 친가로부터 귀여움을 받았고 둘째 지혜는 엄마를 닮아 외갓집에서 귀여움을 더 많이 받기도 하였단다. 지금은 두 딸 모두 훌륭한 신랑감을 만나 행복하게 잘살고 있다.

무엇이 우리를 아프게 하는가

의석이와 내가 가끔 만나 소주잔이라도 기울일 때면 아들 가진 놈들이 아들 데리고 목욕탕에 같이 갔다 온 얘기를 자랑삼아 할 때마다 은근히 화가 치민다며 응석 아닌 응석을 부리기도 한다. 또 자기 집에 남자는 한 사람뿐이라서 여자 셋을 혼자서 지키기가 벅차다고 행복에 겨운 투정을 늘어놓을 때도 많았다.

그러나 이들의 애틋한 사랑을 하늘도 시샘 하셨는지 의석이는 50세를 넘기지 못하고 저세상 사람이 되었다.

의석이가 말기 암 판정을 받고 삼성병원에 입원해 있을 때 나는 자주 병문안을 가지 못했다. 여위고 초췌한 모습을 하고 누워 있는 의석이의 얼굴을 차마 똑바로 쳐다보며 마주할 자신이 없었기 때문이다. 나는 활기에 넘쳐있었던 의석이의 옛 모습 그대로를 영원토록 내 마음에 간직하고 싶었다.

의석이가 영국지사에서 돌아오자마자 입원한 삼성병원을 내가 처음 찾았을 때 의석이와 나는 서로를 부둥켜안고 그냥 말없이 한참을 엉엉 울었다. 이런 상황에서 서로 무슨 말을 할 수가 있었겠는가! 끊임없이 쏟아지는 눈물은 우리들의 그간의 추억들을 모두 쓸어 내 버리려는 듯 두 볼을 타고 하염없이 흘러내렸다. 운명하기 얼마 전 의석이는 나를 무척 찾았는데 정호 씨는 내게 부담이 될까 봐 연락을 주지 않았다고 한다.

의석이에 대한 죄스러움은 지금까지도 마음 한구석에 남아 가슴이 미어지는 것 같은 고통마저 느껴진다.

의석아! 그토록 사랑하던 눈이 큰 아내와 예쁜 두 딸 만을 남겨두고 어떻게 눈을 감을 수 있었니?

나는 허공을 향해 목이 터져라 의석이의 이름을 불러보곤 했다. 의석이는 암 투병 중에 천주교에 귀의해서 영세까지 받았다.

우리는 이 땅을 떠날 때 죽는 것이 아니라 영원한 하나님의 나라(天國)로 들어가는 것입니다. 더욱 축복 되고 영광스러운 곳으로 들어가는 것입니다.

어느 목사님의 설교집에 나오는 글이다. 나는 의석이를 천국에서라도 다시 만날 수 있을 것으로 굳게 믿고 있다. 언젠가는 우리 친구들 모두가 천국에 모여 이생에서 못다 피운 우정을 다시 나눌 수 있게 되리라 나는 확신한다.

그리움만을 남기고 훌쩍 먼저 떠난 나의 사랑하는 친구 채의석! 부디 천국에서도 행복하게 지내기를 간절히 바라겠네.

무엇이 우리를 아프게 하는가

....

아트(Art) 검사

2011년 9월 1일 유능한 검사 한 분이 30년 봉직한 검사직에서 퇴임하게 되는 사건(?)이 있었다. 누구라도 언젠가는 공직에서 물러날 수밖에 없다는 사실을 모르는 사람이 어디 있겠는가!

그러나 이분의 퇴임만큼 많은 사람에게 안타까움을 안겨준 사건도 우리 사회에 그리 흔치 않은 일일 것이다. 어쩌면 은둔(隱遁)이라고나 할까? 도올 김용옥 선생님은 자신의 저서 〈동양학 어떻게 할 것인가?〉라는 책에서 '은둔'에 대해 다음과 같이 성의하고 있다.

은둔이란 사회적으로 영향력을 가진 大小君子가 그 자리를 떠날 때 쓰는 말이다. 은둔이란 소극적 피함이 아니라 그것은 바로 黑과 白을 가리는 적극적인 사회적 행위이다.

Retreat is not an escapism but a positive social action to differentiate the white from the black.

김규헌 님은 지극히 평범한 것 같으면서도 어느 한 편으론 쉽게 범접하기 어려운, 어쩌면 평범한 보통 사람들의 눈높이로 해석하기에는 엄청 난해한 분임에 틀림이 없어 보인다. 퇴임 직후 30년 검찰 생활을 회고하며 〈Q 스토리〉(검사 30년의 추억, 斷想과 追想)이라는 제목의 100쪽 남짓 책을 내셨다. 과분하게도 내가 격려사를 쓰게 되었는데 김규헌 님에 대한 그리움에 여기 다시 소개해 본다.

"Q스토리" / 책을 내면서

초등학교 때부터 피아노와 바이올린을 배우면서 장래 음악인의 꿈을 키워 왔던 한 소년이 본인의 의지와는 관계없이 검사라는 다소 부담스러운 직업을 갖게 되었습니다. 그러나 검사라는 직업이 하늘이 주신 소명이라 생각하고 그 조직에서 30년간 최선을 다하셨던 분! 이런 김규헌 님에 대하여 애정을 갖고 계신 분이라면 어느 누가 이 글을 읽고 눈시울을 붉히지 않을 수가 있겠습니까? 김규헌 님 자신이 그가 봉직했던 조직에 대해 이런저런 불평도 있을 법한데 그러나 한 조직의 일원으로서 끝까지 자신의 원칙을 지켜오면서 자신이 몸담았던 검찰조직을 그 누구보다도 진정으로 사랑할 수 있었다는 것은 지금과 같이 혼탁한 사회적 분위기로 볼 때 가히 기적이라고밖에는 달리 표현할 언어를 찾을 수가 없을 것 같습니다. 법이라는 다소 경직된 사무환경 속에서도 주변의 많은 분께 연극, 영화, 음악, 미술, 무용 등 다양한 예술문화를 접할 기회를 마련해 주시려고 애쓰시는 천진난만한 모습을 보면서 저는 어떤 경외감마저 느껴왔음을 솔직히 고백하지 않을 수가 없습니다. 이 글을 책으로 내게 된 것은 김규헌 님 자신이 그토록 애정을 갖고 아껴왔던 검찰조직 내에서 더 큰 의미 있는 일을 이루지 못하고 퇴직하시게 된 것에 대해 아쉬움을 느껴왔던 많은 분의 總意 입니다. 김규헌 님은 이 글을 책으로 펴내는 것에 대하여 극구 사양하셨지만 가까운 지인들의 마음을 헤아려 허락해 주셨습니다. 이 지면을 빌어 다시 한번 감사의 말씀을 드립니다. 모쪼록 이 작은 글이 우리 사회에 새로운 가치창조의 계기가 되었으면 하는 바람입니다.

김규헌 님 퇴임 당시 검찰 내의 수많은 선후배 검사님들이 검찰 내 부통신망인 SNS에 김규헌 님의 辭職의 변(斷想과 追想)에 대해 댓글을 남기셨다. 김규헌 님에 대한 그리운 마음이 더해져 이 역시 몇 개만 발췌하여 옮겨 본다.

① 사직의 말씀인 줄 모르고 열었다가 황망해집니다. 청장님이 들려주시던 그 짧은 옛날 일들 사이에 이리 많은 사연이 담겨있었네요. 조직에 대한 실망과 배신감이 크실 법도 한데 검찰에 대한 애정이 그런 마음을 덮으신 듯합니다. 사석에서 종종 뵙고 좋은 말씀 들었는데 앞으로는 더욱 많이 듣고 싶습니다. 건승 하십시오.

② 그저 놀라울 뿐입니다. 최근 이준 열사를 읽고 많은 생각을 하였는데, 참 검사 이준이 우리 곁 가까운 곳에도 계셨군요. 그저 탄복할 뿐입니다.

③ 부장으로 계시다 떠나실 때 검사들에게 6개월간 반려했던 사건의 부전지를 버리지 않고 모아 두셨다가 파일철을 만들어 주셨던 기억이 지금도 생생합니다. 큰 병으로 고생하시는 동안에도 아무런 힘이 되지 못했던 것이 너무 죄송할 따름입니다. 부장님 특유의 뚝심과 의지로 병고를 이기시고 오래도록 건강하고 행복하시기 바랍니다.

④ 정말 파란만장한 검사의 길을 걸으시고 또한 제게 초임 때부터 검사로서의 기개와 열정을 가르쳐주신 선배님의 사임 글을 읽게 되니 만감이 교차하면서 서운함을 떨칠 수가 없습니다. 늘 건강 꼭 챙기셔야 한다는 말씀을 드리면서 다재 다능하신 선배님의 멋진 인생 2막을 기대하겠습니다.

⑤ 국회에서 논의 중인 북한인권법안이 설치토록 한 "북한인권기록보존소"를 어디에 두느냐를 주제로 행안부, 통일부와 협의할 때 참고하였던 대 선배님의 보고서가 그토록 험난한 과정을 거친 것임을 새삼 느끼게 됩니다. 무엇이든 올바르게 하려 했던 대 선배님의 앞날에 큰 영광이 함께 하길 기원 드립니다.

무엇이 우리를 아프게 하는가

⑥ 한 편의 영화를 본 듯합니다. 종종 청장님께서 검사 게시판에 올리신 글을 보고 그 박학다식함에 감탄을 금치 못하곤 했습니다. 건강 유의하시고 행복하시기 바랍니다.

⑦ 비록 한 번도 모시지 않았지만, 댓글을 안 남길 수가 없게끔 하네요. 한 편의 소설과 영화를 본 듯한 느낌입니다. 30년이란 오랜 시간 동안 지속적으로 열정을 가진 모습에 절로 고개가 숙어지고 존경할 만한 대 선배님 한 분 이 떠나가신다고 하니 안타깝습니다. 한 번도 모시지 못해 아쉽지만 건강하시고 행복하시길 빌겠습니다.

⑧ 다행스럽게도 운이 좋아 1년을 옆에서 모실 기회가 있었습니다. 그때 주신 가르침이 지금까지도 검사 생활하는 데 크나큰 도움이 되고 있습니다. 더욱 건강하시고 행복하시길 기원 드리겠습니다.

⑨ 약 17년 전 검사님을 모시던 때 한 달가량 밤샘으로 살인사건 수사하시던 그 열정적인 부장님의 모습, 일 마치고 회식 때의 시가 담배와 폭탄주, 부장님은 사비를 털어 저에게 컴퓨터를 사 주셨습니다. 결혼하면서 고향으로 내려오는 저에게 씩 웃으면서 의리를 배신하고 떠나느냐고 하시던 그 카리스마 넘치는 부장님이 정말 좋았습니다. 고향으로 내려온 후 부장님께 인사 한번 제대로 드리지 못하였습니다. 용서 하십시오. 결혼하여 아들놈이 이제 중학교 3학년이 되

었습니다. 멋모르던 시절 몰랐습니다. 부장님은 속정이 깊으신 분이었습니다. 늘 건강하시길 빌겠습니다. 부장님 존경합니다.

⑩ 어제, 무슨 내용인지 모르고 그냥 읽어 가던 중 나도 모르게 뭔가 이끌리는 듯 끝까지 읽게 되었습니다. 그리고 그 감동이 아직도 남아 오늘 다시 읽었습니다. 한 번도 모신 적은 없지만 이런 감동적인 글을 마지막으로 남겨주셔서 정말 감사합니다. 재야에서는 무엇보다도 건강하시고 행복하시길 기원 합니다.

⑪ 총기 난입 사건이 아직도 눈에 선합니다. 그리고 부장님으로서 첫 대면하던 날도 눈에 선하고, 즐겁게 보내던 날들이 더욱 눈에 선합니다. 부장님께서 마지막 날에 건네주신 부전지를 아직도 간직하고 있습니다. 모든 것이 소중하고 눈이 시립니다. 항상 건강하시고 행복 하십시오. 그리고 "My Way" 도 자주 들려주세요.

⑫ 직접 근무해보지는 못했지만, 글을 읽어보니 멋스러운 검사의 삶이 그대로 이 글에 있는 것 같아 존경스럽습니다. 건강 하십시오.

⑬ 청장님을 뵐 때마다 늘 새롭고 멋이 있으신 분이라는 생각을 하였습니다. 시간이 될 때마다 후배들을 격려해 주시고 검사의 자세를 가르쳐 주셔서 감사합니다. 건강하시고 행복이 가득하기를 바

무엇이 우리를 아프게 하는가

라랍니다.

⑭ 사직의 글인지 모르고 읽었습니다. 어떤 드라마나 영화가 이보다 더 극적일 수 있을까요. 검사님의 파란만장한 검찰 일대기 ---- 숙연해졌습니다. "우리가 스스로 惡을 행하지 않아도 惡이 행해지는 상황을 외면한다면 惡의 공모자나 다를 바 없다."라는 말씀. 정말 가슴에 와 닿습니다. 옛날 법무부 형사법개정 특별심의위 전문위원으로 활약하셨던 때 처음 뵌 이후로 이토록 험한 길을 걸으신 줄은 몰랐습니다. 검사님, 존경합니다. 건강 하십시오.

⑮ 검사로서 검찰에 큰 족적을 남기셨으면서도 세간의 평가에 초연하셨던 모습을 다시 떠올립니다. 멋진 검사로서의 사명을 다하셨으니 이제 인생을 진정 즐기시길 바랍니다. 늘 건강 조심하시기 바랍니다.

⑯ 철없던 법무관 시절에 부장님의 가르침을 받고 지금은 검사가 되었습니다. 부장님의 열정과 신념, 마음속에 담아두고 검사로서 걸어가야 할 길의 등불로 삼겠습니다.

⑰ 불과 얼마 전까지만 해도 동료들과 "중앙지검을 떠나니 선배님께서 더 이상 불러 호통도 쳐 주시지 않아 섭섭하다"는 이야기를 나누었

는데, 갑작스러운 소식을 들으니 안타깝고 서운합니다. 큰 지혜와 따뜻한 마음으로 많은 가르침을 주시는 선배님, 항상 건강하시고 행복하시기를 빌겠습니다.

⑱ 한 번도 직접 모시지는 못했지만, 서울고검에서 선배님과 같은 층에 근무하면서 거인의 풍모를 조금이나마 느끼고 배울 수 있었던 것을 영광으로 생각합니다. 늘 건강하시길 기원합니다.

⑲ 전설로 전해 오던 실체를 마주한 감동입니다. 한번 읽고 느낌표에 느낌표를 더하고 읽고 또 읽었습니다. 건강하시고 정말 행복하시길 기도하겠습니다.

⑳ 권모술수가 춤추는 시대에 그래도 정의만을 위해 고집스럽게 외롭게 걸어온 당신! 오직 정도의 길로만 걸어온 당신이 진정한 공인이었고 진정한 검찰인 이었습니다. 그동안 고생 많았습니다.

㉑ 부장님 모시고 지낸 15년 전의 생활이 지금 아름다운 추억으로 다가옵니다. 안에 계시거나 밖에 계시거나 저희 지각 출근한 검사들의 큰 형님으로 영원히 남아주시리라 믿습니다. 자주 뵙겠습니다. 건강하십시오.

무엇이 우리를 아프게 하는가

수많은 댓글 중 일부만을 임의로 인용해 보았다. 댓글을 다시 지면에 옮기는 내내 나 역시 흐르는 눈물이 앞을 가려 몇 번이나 글쓰기를 멈춰야만 했다. 평생의 삶 속에서 자신의 어느 한 곳이라도 닮고 싶어 하는 단 한 사람 찾기도 힘든 세상에 어찌 이 같은 일이 있을 수 있는 것인지 그냥 경이롭기만 하다.

김규헌 님이 퇴직 후 속칭 잘나가는 사람이 되어 법무부 장관으로 임명을 받았다거나 아니면 세도가 당당하다는 청와대 민정수석이 되었다거나 했다면 또 모르겠다. 지금 돌아가는 세상 이치가 그러니 그럴 수도 있겠지 하며 억지로라도 이해할 수 있었을 것이다.

그러나 30년이라는 긴 세월 동안 범죄와의 전쟁이라는 격무에 지쳐 건강까지 잃고 쓸쓸히 퇴역하는 한 노병에 대한 이 같은 찬사는 예사롭지 않은 일로 비칠 수밖에 없다. 과연 어느 누가 이처럼 많은 사람에게 영원히 잊지 못할 주옥같은 추억들을 만들어 줄 수 있겠는가! 더구나 자신과의 밀접한 관계성이 확보되어 있지 않은 이들에 까지도 진한 감동을 안겨줄 수 있다는 것은 어쩌면 우리 사회의 어느 한 부분에서는 아직도 건강한 새 기운이 힘차게 샘솟고 있다는 희망의 증표가 아닐까?

김규헌 님은 퇴임에 앞서 30년 공직생활 동안 자신을 격려해주고 또한 각별한 애정으로 아껴준 많은 지인을 서울고등검찰청사 구내식당으로 초대하여 만찬을 베풀기도 하였다.

내가 가장 암울하고 어려웠던 시절, 김규헌 님은 내게 많은 힘을 보태 주기도 하였으나 나는 아직 그 은혜에 보답도 못하고 있다. 오랜 기간 다져온 소중한 인연의 깊은 사연을 어찌 몇 줄의 글에다 토설해 낼 수가 있겠는가! 지인들 여럿이 어울려 폭탄주도 제조해 마시고 또 비틀스의 'Let it be'와 프랭크 시내트라의 'My way'를 듀엣으로 부르던 때가 엊그제 같은데 벌써 耳順의 나이를 훌쩍 넘기고 있다.

김규헌 님은 서울중 · 고등학교 시절, 밴드를 결성하여 보컬리스트로 활동도 하셨단다. 김규헌 님을 좋아하는 사람들이 모여 '헌사모(김규헌을 사랑하는 사람들 모임)'를 조직하고 자격은 없지만 내가 초대 회장을 맡았을 정도로 나는 김규헌 님 마니아(Mania)임이 틀림없다. 서민적이면서도 귀족적인 품격을 겸비한 강한 카리스마에는 우아함이 절로 배어난다. 어찌 이 같은 고고한 매력에 동화되지 않을 사람이 있겠는가!

〈Q 스토리〉는 김규헌 님 자신을 "Q"로 지칭하며 3인칭 소설 형식으로

무엇이 우리를 아프게 하는가

쓰였다. 해박한 지식과 탁월한 예술적 감각을 갖춘 것도 모자라 거기에 문학적 소양까지 겸비했으니 임계점(臨界點)이 어디인지 그저 궁금할 뿐이다. 단장지애(斷腸之哀)의 안타까움이 서려 있는 〈Q 스토리〉의 마무리 글을 소개하며 김규헌 님에 대한 감사의 마음에 갈음하고자 한다.

"辭職의 변" / 斷想과 追想

법조인으로서 국록을 받는 길로 들어선 지 이제 꼭 30년. 몇 년 전 "옛사람들의 눈물"이라는 제목의 조선 挽詩集을 넘기다 눈에 들어오는 구절이 있었습니다.

"優曇花隱桂銷香 三十年光彈指忙"

감히 우담꽃이나 계수나무에 비견하려는 오연함은 없습니다. 단지 30년이라는 짧지 않은 세월을 "탄지", 즉 손가락을 튕길 만큼의 짧은 시간으로 표현한 데 시선이 끌리면서 잠시 얼어붙었던 것이지요. 세월의 흐름만큼 무서운 것은 없는 것 같습니다. 외람된 표현일지 모르겠으나 제 개인적으로는 "Never Complain, Don't Explain"이라는 구절을 座右에 놓고 그저 주어진 일에 전념하는 것이 사나이로서의 길이라고 생각하여 왔습니다. 어떤 개인적 불이익에 대해 그 섭섭함이나 울분을 외부로 토로하거나 분출한 적도 없습니다. 본인이 求得한

앎과 경험도 體化되어야만 자신의 것이 된다고 생각하였습니다. 입보다 귀를 크게 하고자 노력도 했습니다. 그동안 여러 차례, 일시의 어려움이나 고통에 굴복해서는 안 된다는 나름의 소신, 또 몸담은 조직과 미래에 대한 낙관 어린 기대감으로 "떠남의 기회"를 보내 버리곤 했습니다. 어느 외국 작가도 말하였듯이 "우리 스스로 惡을 행하지 않아도 惡이 행해지는 상황을 외면한다면 惡의 공모자나 다를 바 없다"라는 자각이 흔들리는 무릎을 붙잡아 주기도 하였습니다. 그러나 이제 파란곡절 많았던 과거의 궤적을 되돌아보니 그 근저에는 검사라는 職分에 대한 애정과 집착이 너무나 깊게 자리 잡고 있었기 때문이 아니었나 생각합니다. 그 과정에서 본의 아니게 주위의 많은 분께 심적 부담과 상처도 주었으리라 생각합니다. 이 자리를 빌려 고개 숙여 海諒을 바랍니다.

" A promise made is a debt unpaid "

이미 한 약속은 언젠가 갚아야 할 빚으로 남는 것이라는 깨달음으로 이제 공직자의 길을 마치려고 합니다. 마지막으로 故 조병화 님의 詩 "흐르는 것은"을 이 자리에 남겨 놓겠습니다.

무엇이 우리를 아프게 하는가

"흐르는 것은"

조병화

흐르는 것은,

한 번 자리를 뜨면

뜬 그 자리엔 돌아가지 못하는 것이려니.

구름처럼,

바람처럼,

물처럼,

세월처럼,

인생도 세월 따라 흐르는 것이어서

그 자리엔 다시는 돌아가지 못하는 것이어라.

아, 그와 같이

매일 매일

순간순간이 이별이어라.

이천십일년 팔월 이십사일

가을로 들어서는 서울의 하늘 아래서

金 圭 憲 謹書

소금에 숨겨진
비밀

1994년 장모님의 병환이 암으로 판정을 받으셨는데 병원에서는 거의 치료하기가 어려울 정도로 이미 진행이 많이 되어 전망이 별로 좋지 않다고 했다. 장모님께는 암이라는 사실을 알려드리지 않고 일단 치료하기로 하여 영동세브란스 병원에 입원 하셨는데 가족 모두의 걱정은 이루 말할 수 없었다. 당시에 나는 광화문 KT 본사에 근무하고 있었고 장모님 문제로 인해 암이라는 병에 대해 깊이 고뇌하게 되는 계기가 되었다.

21세기 현대과학의 힘으로 우주를 정복해 나가고 있는 이때 아직도 첨단의학으로 고칠 수 없는 병이 존재한다는 것이 잘 이해가 되지 않았다. 암은 도대체 어떤 병이기에 아직까지 정복되지 않고 있는 것일까? 꼭 어디엔가 암을 고칠 수 있는 비법이 존재하고 있을 것 같은 생각이 마음속에 소망이 되어 믿음으로 다가오고 있었다.

늘 암에 관한 생각으로 머릿속을 가득 채우고 다니던 어느 날 퇴근길에 우연히 종로1가 빌딩 벽에 붙은 광고 포스터가 눈에 띄었는데 내용인 즉슨 한국일보 송현클럽 강당에서 암을 비롯한 성인병에 대한 강의가 있다는 안

무엇이 우리를 아프게 하는가

내문이었다. 나는 약간의 회비를 내고 참석하여 강의를 들었다.

백석 박경진 선생의 강의였으며 강의를 듣는 내내 그동안 내가 나름대로 인체에 대해 알고 있던 상식과 일치하는 부분이 많아 다소 놀랐다. 새로운 것을 깨닫게 된 것에 대한 당시의 감동을 어찌 글로써 다 표현할 수 있겠는가!

평소 소우주로서의 인체의 신비에 대해 관심이 많아서 이런저런 관련 서적도 읽어보곤 하였지만, 지식이 아닌 지혜의 영역을 이때처럼 감명 깊게 접할 기회를 가져 본적은 없었다. 몸의 주인으로서 자신의 건강에 대해 스스로 확신을 갖고 살아갈 수 있다는 것! 병의 두려움으로부터 자유로움을 느껴본 적이 없는 사람들에게는 결코 이해될 수 없는 감정일 것이다.

공기 중의 산소와 물은 우리 인체의 생리작용에 필수적인 요소일 것이다. 우리는 호흡을 통해서 산소를 폐로 흡입하게 된다. 이때 폐에 도달한 혈액 내의 헤모글로빈이 호흡으로 흡입한 산소를 동맥과 모세혈관을 통해 몸 전체의 세포에 공급하게 된다. 따라서 동맥에 연결된 모세혈관 내 혈액의 산소 농도는 75%, 이산화탄소 농도는 25%이고 정맥과 연결된 모세혈관 내 혈액의 산소농도는 25%, 이산화탄소 농도는 75%가 된다. 결국 모세혈관을 통해 산소와 이산화탄소의 가스(gas)교환 작용이 일어나게 되는 것이다. 즉 혈액 속의 헤모글로빈이 빈 수레를 끌고 폐로 올라와서 이 빈 수레에 산소를 매달고 다시 세포 내로 들어가 이 산소를 몸속의 각 세포에 공급해 주어야 한다. 그런데 만일 혈액이 오염되어 이 같은 오염물질이 헤모글로빈의 수레에 이미 가득 실려 있다고 가정해 보자. 이로 인해 산소를 매달아 옮길 공간이 부족하게 되어 결국은 우리 몸 안의 세포에 산소공급이 원활하게 이루어지지 않을 것이 자명하다. 결과는 우리 몸에서 필요로 하는 산소의 부족 현상이 발생하게 될 수밖에는 없을 것이다. 이렇듯 혈액이 오염되어 우리 몸 안의 각 세포에 공급되는 산소가 부족하게 되면 이들 세포에는 어떤 현상이 발생하게 될까? 결국 몸 안의 각 세포는 산소 없이 생존할 수가 없기 때문에 세포 스스로 산소를 공급받을 수 있는 방법을 찾을 수밖에 없지 않겠는가! 우리 몸은 우리가 상상하는 것 이상으로 자동화되어 있다. 우리 인체 내부의 자기방어 능력과 자연치유 능력 등을 좀 더 깊이 살펴보면 볼수록 하나님의 창조능력에 그저 감탄할 뿐이다.

우리 몸 안의 세포에 공급되는 산소의 양이 전체적으로 부족하다 할지라도 특별히 산소를 더 필요로 하는 부위는 이때 세포 변이를 일으키게 되는데 즉 동물 세포에서 식물 세포로 바뀌게 된다. 동물 세포와 식물 세포는 서로의 성격이 확연히 다르다.

우선 동물 세포는 산소를 흡수하고 이산화탄소를 배출하는 데 반해 식물 세포는 이산화탄소를 흡수하고 산소를 배출한다. 또 동물 세포는 일정 기간 성장하면 성장을 멈추지만, 식물 세포는 살아있는 한 조금씩이라도 영원히 성장한다. 그리고 영양 섭취 방법에서도 동물은 식물 및 기타 고형 물질을 통해 영양분을 섭취하지만, 식물은 물을 통해서 영양분을 섭취한다. 결국 우리 몸 안의 세포가 식물 세포로 바뀌게 되는 원인은 부족한 산소 문제를 해결하기 위해 세포 스스로 산소공급 시스템을 만들기 위한 조치인 것이다.

이렇게 전환된 식물 세포를 우리는 흔히 암세포라고 부르는 것이 아닐까? 몸 안에 이런 변종 세포가 생기게 되면 변종 세포의 성격상 무한히 커지게 되므로 이를 막기 위해 우리 몸은 스스로 성장억제 세포를 만들어 이 같은 변종 세포를 둘러싸게 되는데 이런 작용은 이 변종 세포가 더 이상 커지는 것을 억제키 위한 방편일 것이다. 이 같은 세포를 항암세포라고 부르기도 한다. 암 수술 시 이런 항암 세포는 대부분 제거된다. 흔히 암은 한번 수술하고 난 후 재발하면 치료하기가 어렵다고도 하는데 결국 암이 재발하게 되면 이를 억제할 수 있는 세포가 우리 몸에 존재하지 않기 때문이 아닐까?

우리 몸의 자동화 시스템의 기능이 정말 놀랍기만 하다. 만일 간세포에 이런 변이가 일어났는데 몸의 환경이 계속 개선되지 않고 산소공급 부족 현상이 지속하면 이후 위, 폐, 대장 등 신체의 모든 부위에서 이런 현상이 계속 발생할 수 있다. 흔히 암세포의 전이 현상이라고 하는 것은 결코 바이러스의 전염과 같은 개념이 아니라 인체의 특별한 컨디션에 따라 발생할 수밖에 없는 일종의 증상으로 파악해야 한다. 변종 세포가 다시 정상 세포로 환원되지 않고 성장이 억제되지 않아 무한히 커지게 되면 우리 몸 안에서 순환기 장애를 일으켜 이로 인해 우리는 생명을 잃게 되는 것이다.

이 같은 논리는 지식의 영역을 뛰어넘어 지혜의 영역에 더 가깝다고도 할 수 있다. 자연과학의 영역이 아닌 인문과학 내지는 철학적인 개념으로 이해하여야 하는 까닭도 이런 때문일 것이다.

지구상에 소금은 과연 어떻게 존재하게 된 것일까? 50억 년 전 지구가 처음 만들어졌을 때는 바닷물이 지금처럼 소금물은 아니었을 것이다. 초기 지구에 존재했던 물은 아마 모두가 증류수였을 것으로 생각된다.

지구가 만들어진 후 수십 억 년 동안 태양의 빛을 받아온 바닷물에 서서히 소금(NaCl)이 생기게 된 것은 아닐까? 결국 소금은 태양으로부터 빛을 통해 전달된 물질이라고 해도 과언은 아닐 거라는 생각마저 든다. 따라서 오염되지 않은 상태의 지구 초기의 소금을 '빛소금'이라고 칭하는 것에 대해 인색할 이유는 없어 보인다.

그러나 바닷물의 소금성분은 지구 생성초기, 화산분출에 의해 맨틀 상부의 물질이 지구표면에 올라오면서 물에 녹아 형성된 것이라는게 학계의 정설로 되어있긴 하다.

소금을 정제해서 섭취하려는 노력은 아마 오염되지 않은 지구 초기의 소금에 대한 향수에서 출발한 것일 게다. 이후 나는 '빛소금(정제된 소금을 의미함)'과 증류수 마니아(mania)가 되었고 집에 있는 압력밥솥을 이용하여 증류수를 직접 제조하여 먹기도 하였으며 당시 5살 된 아들과 나는 기존의 소금을 대신하여 매일 '빛소금'을 빠트리지 않고 섭취하였다. 아들이나 나의 건강이 몰라보게 좋아졌음은 당연한 결과가 아니었겠는가!

이후 나는 주변의 많은 사람에게 내가 깨달은 '빛소금'에 대한 올바른 진실을 알려주려고 노력하였으나 지식이 아닌 지혜를 남에게 이해시킨다는 것이 얼마나 어려운 것인가를 새삼 절감하기도 하였다. 결국 지혜는 스스로 깨닫는 것이지 다른 사람으로부터 배울 수 있는 것은 아닌 것 같다는 생각도 든다.

무엇이 우리를 아프게 하는가

우리 조상들은 위대한 민족임이 틀림없다. 주거문화를 보아도 그렇고 음식문화를 볼 때 역시 그렇다. 우리 조상들은 일찍이 소금의 중요성을 깨달은 민족이다. 소금이 인체에 필수적으로 중요하다는 것은 누구나 다 알고 있는 사실이지만 오염된 소금을 정제하여 먹어야 한다는 사실을 알고 있는 민족은 그리 많지는 않은 것 같다. 우리 조상들은 소금을 결코 소금 그대로 즐겨 먹지는 않았다.

또 소금에 영적, 물질적 정화기능이 있다는 것도 이미 알고 있었다. 그래서 영업을 하는 식당이나 기타 가정집에서도 부정 타는 사람이 오곤 하면 소금을 뿌려 나쁜 기운을 없애려고 한 것 아니겠는가! 이 같은 예를 보더라도 우리 민족은 소금을 단순히 음식의 간을 맞추는 데만 사용하는 물질로 이해하고 있지는 않았던 것 같기도 하다.

우리 조상들이 소금을 정제하기 위하여 선택한 방법은 소금을 발효시켜서 먹는 것이었다. 간장, 된장, 고추장, 그리고 각종 젓갈이며 김치 등 발효음식의 종류가 우리나라만큼 많은 곳도 드물 것이다. 즉 소금의 허(虛)를 회복 시켜 섭취함으로써 우리 몸 안의 오염물질을 제거할 수 있다고 생각했던 것이다.

물도 마찬가지이다. 물 중에서 가장 순수한 물은 증류수라고 생각한다. 즉 허(虛)를 가장 많이 간직하고 있는 물이기 때문이다. 자연 상태에서 존재하는 증류수는 구름이다. 결국 오염된 공기는 증류수로 구성된 구름이 비가 되어 내리면서 정화될 수밖에 없다. 우리 조상들은 이런 빗물을 받아 간장도 담고 또 빨래도 하면서 귀하게 다루어 사용하곤 하였다. 만일 구름이 증류수가 아닌 경우라도 오염된 공기가 온전히 정화될 수 있을까?

　어쨌건 소금과 물은 본래 허(虛)를 많이 갖고 있는 물질인데 지금은 오염되어 허(虛)를 상실한 상태이다. 허(虛)라는 개념을 다른 말로 쉽게 표현한다면 일종의 자력이라고도 표현할 수 있을 것이다. 결국 우리 조상들이 소금을 정제한 이유는 소금이 본래부터 갖고 있는 자력을 회복시키기 위함이 아니었겠는가!

　결론적으로 우리 조상들은 소금을 단지 음식의 간을 맞추는 것에만 사용하지 않고 우리 몸의 오염을 제거할 수 있는 것으로도 믿었으며 또한 소금이 우리 몸의 또 다른 오염물질이 되지 않게 하기 위하여 발효음식을 개발하여 소금을 정제시켜 섭취해 왔던 것이다. 우리 조상님들의 뛰어난 지혜에 다시 한번 고개가 숙여진다.

　그러면 이미 오염된 우리의 몸을 어떤 방법으로 깨끗하게 할 수 있을까? 먼저 소금의 허(虛)를 회복시키는 방법부터 찾아내야 한다. 일반적인 천일염에는 순수 염화나트륨(NaCl) 외에 많게는 거의 80여 가지 이상의 불순물이 포함되어 있다고 한다.

　순수한 염화나트륨은 자석과 같아서 다른 물질들을 끌어당기는 성질이 강한데 이런 성질로 인해 소금에는 염화나트륨 외에 다른 많은 불순물이 포함되어 있는 것이다. 소금에 포함되어 있는 이런 불순물들을 모두 제거하면 99.999…%의 순수한 염화나트륨이 얻어진다. 그러면 어떤 방법으로

무엇이 우리를 아프게 하는가

순도 100%에 가까운 소금 즉 염화나트륨을 얻을 수 있을까?

소금의 용융점은 섭씨 860도 정도이다. 즉 섭씨 860도로 천일염을 가열하면 소금이 액체가 되는데 이 온도를 섭씨 1,000~1,300도까지 올리면 염화나트륨보다 중량이 무거운 불순물들은 밑으로 가라앉게 되고 또 염화나트륨보다 가벼운 불순물은 위로 뜨게 된다. 그리고 섭씨 1,000~1,300도 이상에서 기화되어 공기 중으로 날아가는 불순물도 있는데 이처럼 섭씨 1,000~1,300도를 유지하며 액체 상태로 있는 시간의 길이에 따라 허(虛)를 회복한 상태가 다르게 된다. 이런 액체 상태의 중간 부분만 취하면 순도 99.999…%의 순수한 소금을 얻게 되는 것이다.

이렇게 정제된 소금을 우리는 편의상 '빛소금'으로 부르기로 한다면 이런 '빛소금'을 우리가 섭취했을 때 우리 몸에는 어떤 현상이 발생하게 될까? 우리 몸의 혈액은 0.9%~1.0%의 염분농도를 유지하고 있다고 한다. 그리고 간세포는 1.2%의 염도를 유지해야 하는데 만일 혈액의 염도가 0.9% 이하로 떨어지면 간세포에서 염분을 풀어 혈액의 염도를 0.9%~1.0%로 유지해 준다.

실제로 우리가 '빛소금'을 아무리 많이 섭취한다고 해도 간세포의 염도가 1.2%로 되고 또 혈액의 염도가 0.9%~1.0%가 되면 나머지 순수 소금은 소변을 통해 자연적으로 배설되게 되어 있어 우리 몸에는 필요 이상의 염화나트륨이 남아 있지 않게 된다. 결국 우리가 섭취한 '빛소금'은 우리 몸 세포에 오염되어 있는 불순물을 흡착하여 소변과 대변을 통해 몸 밖으로 배출시킴으로써 우리 몸속의 오염물질을 제거할 수 있는 것이다.

혈액을 비롯한 우리 몸속 세포의 오염물질은 이런 방법 외에 다른 어떤 방법으로도 제거할 수 없을 거라고 나는 생각한다. 더 효율적인 다른 방법이 있었다면 아마 진작에 암을 치료할 수 있지 않았을까!

결국, 동양적 관점으로 볼 때 혈액의 허(虛)를 회복 시켜 줌으로써 우리 몸을 항상 건강하게 유지할 수 있고 또한 이미 상실된 허(虛)를 회복시키기 위해서는 정제된 '빛소금'과 증류수를 많이 섭취하는 방법밖에는 없다. 이렇게 함으로써 우리는 우리 몸의 자연치유 능력과 면역능력을 회복시킬 수 있는 것이다.

요즈음 신문지상에 나트륨(Na) 과다 섭취 논란이 한창이다. 그러나 우리가 섭취하는 음식물 중에 유독 소금에만 나트륨이 함유된 것은 아니다. 천일염을 정제한 '빛소금'은 아무리 많이 섭취해도 나트륨이 우리 몸에 축적되지는 않을 것이며 도리어 다른 음식물을 통해서 섭취한 나트륨도 순도 99.999……%의 소금(NaCl)이 흡수하여 체외로 배출시키는 역할을 할 수도 있을 것이다.

그런데 만일 우리 몸에 염분 부족 현상이 생기면 어떤 문제들이 발생하게 될까?

첫째 면역력이 크게 감소할 것이다. 그 때문에 모든 바이러스에 노출되어 항상 감기와 같은 병에 걸릴 확률이 높아질 것이고 기본적인 생리작용에 이상이 생길 수 있다. 우리가 생선이나 육류를 보관할 때 적당히 소금에 절여 보관하면 신선도가 오래 유지되는 것처럼 우리 몸도 0.9%~1.0%의 염도로 항상 절여져 있어야 한다. 조사된 바로는 서양인들의 하루 평균 염분 섭취량은 10g이고 일본인은 10.7g, 한국인은 12.2g의 염분을 섭취하고 있는 것으로 알려져 있다. 보건복지부나 대한 의학회의 일일 염분 섭취 권장량은 5g으로 알고 있는데 무엇이 정답인지는 아직 잘 모르겠다.

우리 몸에 염분이 부족하면 식은땀을 많이 흘리게 된다. 이유는 몸속 혈액의 염도를 높여 주기 위해 몸 스스로 수분을 체외로 배출시키는 현상 때문이 아닐까! 특히 잠잘 때 흘리는 식은땀은 체온 저하를 방지하기 위해 혈액의 염도를 높여주기 위한 것으로 보아야 한다. 고려대학교병원 부원장을 역임하시고 현재는 대한 대체의학협회장으로 계시는 서중근 박사님의 글을 소개해 본다.

싱겁게 먹는 것은 대 재앙이다.

서 중 근

소금을 적게 먹으면 혈액이 썩는다. 요즘 유난히 패혈증(sepsis, 敗血症)이란 병이 언론에 작렬하고 있다. 웃음건강 전도사 황수관 박사도, 범서방파 두목 김태촌도 패혈증으로 사망했다. 김태촌이야 그럴 수 있다 치더라도 대한민국 최고 명문의대 교수이자 생리학 박사였던 황수관 박사의 67세 패혈증 사망은 한국 남성의 평균수명 84세와 비교해도 15년 이상 못 미치는 수명이라서 더 안타깝다.

패혈증은 혈액 내 세균이 번식해 피가 썩는 병이다. 패혈증은 매년

3~4만 명이나 발생한다. 혈액이 썩는다는 것은 혈액 내에 소금기가 부족하기 때문이다. 혈액 내에 염도(鹽度)가 0.9%가 안 된다는 것이다. 요사이 당뇨병 환자도 500만 명을 넘어섰다. 당뇨병도 혈액 내 소금보다 당분이 많아지는 병이다. 혈액 내 당분이 많으면 피가 끈적거리고 썩는 조직 괴사로 심하면 발과 다리를 절단하는 병이다. 소금을 적게 먹으면 본능적으로 당분을 많이 먹는다. 소금을 적게 먹고 당분은 많이 먹게 되면 혈액이 훨씬 끈적해져 피가 잘 흐르지 않게 된다. 혈액순환이 잘 안되고 나중에는 혈액이 썩는다.

당뇨병은 소변에 당분이 많이 섞여 나오는 병이다. 당분은 많이 먹고 소금은 적게 먹어 생긴 병이다. 당뇨병은 소금만 충분히 먹어 주면 쉽게 고칠 수 있다. 이런 병들은 혈액 내 염분 농도가 0.9% 이하라 생긴다.

병원에서 환자에게 제일 먼저 링거(소금물 0.9%)를 꽂아서 부족한 전해질과 나트륨 농도를 높이고 수분 보충으로 탈수를 막고 노폐물 배출 조치하는 것을 우리는 흔히 겪었지 않은가?

소금은 환원력이 강한 알칼리성 성분으로 세포막이나 대사물질을 환원시켜서 건강한 상태로 되돌려 놓는다. 소금을 충분히 섭취하면 혈액의 흐름이 개선되어 건강 장수할 수 있다. 세계 최 장수 국가인 독일인들은 세계적으로 소금을 가장 많이 먹는 것으로 알려져 있다. 독일인 1인당 하루에 25g의 소금을 섭취하고 있다. 반면 에스키모인

무엇이 우리를 아프게 하는가

은 주식인 물고기 속의 염분 외엔 소금을 전혀 먹지 않는다. 그래서 평균 나이가 40세로 전 세계에서 수명이 가장 짧다. 이것을 보면 의사들의 저염식 권장은 결코 옳지 않다. 문제는 어떤 소금을 먹느냐일 것이다.

소금 중에는 간수, 가스, 중금속이 들어 있는 소금도 많이 있다. 소금이 굳는 것을 막는 페로시안나이드(청산가리)가 들어 있는 소금도 흔하다. 반대로 인체의 필수 성분이며 생명을 유지하는데 절대적으로 필요한 순수 NaCL 99.9%의 소금도 있다. 이러한 사실을 알고 나쁜 소금과 좋은 소금을 구별하는 지혜가 필요하다.

옛날 대갓집엔 소금 광의 시렁 위에 소금 가마니를 재어 놓고 3년 된 것부터 먹었다. 시렁 아래에는 여지없이 사구를 놓아두어 간수를 받아서 두부 만들 때 응고제로 썼다. 엄청난 지혜가 아니었던가? 소금 가마니는 엉성해 간수도 잘 빠지고 가스도 잘 날아가는 것이다. 천일염이라고 하지만 이렇게 유해 물질을 정화해준 소금을 먹은 것이다.

이제부터라도 가정에서 미네랄(중금속), 가스, 간수 없는 깨끗한 소금을 깨끗한 물에 타서 링거의 핵심인 약 1%의 소금물, '마시는 링거'를 만들어 먹기를 바란다.

소금은 생명의 핵이며 생명 그 자체이다. 이제 일반인들도 소금에 대한 정확한 정보를 알고 소위 전문가 집단이 퍼트리는 소금에 대한 잘못된 정보에 휘둘려서 생명을 낭비함은 없어져야 한다. 싱겁게 먹는 모든 동물보다 짜게 먹는 인간이 가장 오래 산다. 싱거운 것을 강조하는 사람치고 장수한 사례를 본 적이 없다. 혹시 그런 사례 있으시면 소개해 주시기 바란다. 우리는 의사가 가장 오래 살 것이라 쉽게 생각한다. 과연 그럴까? 우리나라는 의도적으로 이런 통계를 내지 않는다. 모든 것이 투명한 미국의 경우를 확인해서 보면 의사가 일반인보다 10여 년이나 수명이 짧다. 싱겁게 먹고 병 걸리면 누구에게 가장 이익이 될까? 심하게 짜게 먹는 것을 권장할 수는 없지만 요즘처럼 싱거운 것 강조하는 시대에 질병은 그 유래를 찾기 어려울 정도로 가장 많아졌다. 그러나 엄청난 의료비를 투입하여 치료들을 해대니 결국 장수는 하지만 그 비용과 병의 고통은 참 크다. 막대한 의료비 지출로 이익을 보는 세력은 누구일까? 심각하고 냉철한 숙고가 필요하다. 각자가 깊이 있는 생각들을 해보시기를 권장해 본다.

(https://m.blog.naver.com/potoi/221155753044)

동양과 서양은 인체를 보는 시각에 있어서도 근본적으로 달랐다. 서양의학의 출발은 파스퇴르가 바이러스를 발견 한 데서 비롯되었기 때문에 눈에 보이는 세균을 살균하는 것이 치료의 시작이었다. 그러나 동양의학의 출발은 원인을 찾는 데서부터 시작한다.

우리 몸 안의 여러 장기인 오장육부(五臟六腑)들 간의 상호 관계성을 중요시하였기 때문에 위에 염증이 있다고 해서 항생제만을 투여하는 병원의 치료방식과는 달리 왜 염증이 생기게 되었는지를 장기 상호 간 릴레이션(relation) 즉 관계성을 통해 그 원인을 찾아내 그 근원부터 치료해 나갔다.

무엇이 우리를 아프게 하는가

이렇게 해야 재발하지 않기 때문일 것이다. 병이란 이처럼 신체 내 오장육부 장기 상호 간 균형이 깨져서 그 관계성이 파괴되었을 때 어느 한곳에 나타난 증상이 아니겠는가!

그러면 서양의학에서는 암을 어떤 시각으로 바라보고 있을까? 병원에서는 암을 악성종양으로 보고 있다. 즉 세포가 무한히 계속해서 커지고 있다는 의미로 악성이라는 용어를 사용하는 것으로 생각한다. 이 같은 악성종양의 발생 원인을 서양의학에서는 아직까지 명확하게 밝혀내지 못하고 있다. 대개의 경우 발암물질이 함유된 음식을 섭취하였거나 정신적 스트레스가 암을 유발하고 있지 않나 하는 정도의 수준이다. 또한, 치료 방법으로도 항암제 투여와 수술, 그리고 방사선 치료 등일 것이다. 그러나 원인을 정확하게 파악하지 못한 상태에서 완벽한 치료 방법을 찾아내기란 그리 쉽지는 않을 것이다.

최근 독일의 지멘스사에서는 중입자가속기(Synchrotron, Heavy Ion Accelerator)라는 장치를 개발하였는데 이 장치를 통해 암세포를 파괴해 치료하는 방식으로 암의 치료를 시도하고 있다. 그러나 이 방식은 정상 세포까지 파괴될 수 있는 위험성이 있다. 따라서 현재 개발 중에 있는 다른 방식은 보론중성자포착치료(Boron Neutron Capture Therapy / BNCT) 방식이다. 나노로봇을 이용하여 암세포에만 보론(Boron)원자를 주입하고 양성자(Proton) 또는 중이온(Heavy Ion)이나 탄소이온(Carbon ion)을 고속으로 가속해서 암세포에 주입된 보론원자에 충돌시킴으로써 이 보론원자로 하여금 핵분열을 일으키게 하면 암세포 내에 미세한 전류와 열이 발생하여 암세포만을 완전히 파괴할 수 있다는 것이다.

이 방식은 치료 후 세포 내에 방사능이 잔류할 수도 있다는 문제가 완전히 해결되지 않아 아직 치료시스템이 완성된 상태는 아닌 것으로 알고 있다. 동양의학적 관점에서 본다면 이 같은 치료방식이 난센스(nonsense)라고 밖에는 생각할 수 없는데 결국 서양의학에서는 암세포를 직접 제거하는 방법 외에는 달리 해법을 찾아내지 못하고 있는 실정이다.

나는 지혜와 지식은 완전히 다르다고 생각한다. 자연과 인체에 대한 과학적 지식이 없다고 해서 이들에 대한 지혜가 없다고 생각해서는 안 된다. 어쩌면 자연과 사물에 대한 근본 이치를 깨달아 우리 삶에 필요한 유익한 지혜를 얻을 수 있다면 우리가 보다 더 건강하고 행복한 삶을 사는 데 도움이 될 수 있을 것이다.

우리 조상들은 과학적 지식이 일천했어도 우리 몸을 건강하게 유지하는 데 필요한 지혜가 출중했던 민족임이 틀림없다. 결국, 암의 문제를 해결하기 위해서는 앞서 말한 정제된 순수한 소금인 빛소금과 증류수를 사용하여 우리 몸을 항상 깨끗하게 유지할 수 있어야 한다.

우리 몸의 혈액이 깨끗해져서 몸 안의 세포에 산소공급이 원활해지면 식물세포로 변환된 암세포는 다시 정상 세포로 전환되고 암은 흔적도 없이 사라지게 될 것이고 이런 세포의 변환작용은 우리가 모르는 사이에 우리 몸속에서 수시로 발생할 수 있는 현상이다. 따라서 우리 몸속의 정상 세포도 몸의 컨디션에 따라 암세포로 변했다가 다시 또 정상 세포로 전환되는 과정을 무수히 반복하고 있다고 보아야 한다.

현대를 사는 우리는 우리 몸이 오염에 항상 노출되어 있을 수밖에 없다. 그 때문에 우리의 몸이 오염되는 속도보다 몸이 정화되는 속도가 최소한 같거나 더 빠를 때 우리는 건강한 몸을 항상 유지할 수 있는 것이다. 그러나 순수한 소금과 증류수를 마치 만병통치약처럼 생각해서는 안 된다. 소금과 물은 우리 몸의 생리작용에 꼭 필요한 음식이지 절대 약은 아닌 것이다.

우리 몸의 자체 정화시스템을 면밀히 살펴보면 우리 몸 안에서 소금과 물의 역할을 충분히 이해할 수 있을 것이다. 오염된 공기, 오염된 음식, 그리고 오염된 물을 마시며 살 수밖에 없는 현대생활에서 우리는 오염된 우리 몸을 그때그때 정화할 수 있는 지혜가 있어야 한다.

우리 몸 안에서 약이란 또 다른 오염물질이거나 독이 될 수 있기 때문에 약의 오남용은 자칫 빈대를 잡기 위해 초가삼간을 태우게 되는 경우와 같다. 우리가 우리의 몸을 항상 깨끗하게 정화해 몸속의 자체 정화 시스템인 허(虛)를 회복 시켜 준다면 우리 몸은 스스로 어떠한 질병에도 견뎌 낼 수 있는 자연치유 능력을 갖추게 될 수 있을 것으로 나는 확신한다.

천지자연도 오염될 수밖에 없다. 연중 수시로 비가 오지 않는다든지 또는 1년에 한 번씩 태풍을 동반한 큰 장마 같은 현상이 없다면 아마 자연의 오염 문제는 결코 해결될 수 없을 것이다. 바람과 비 그리고 바닷물 속에 함유된 소금 등은 우리 인간이 지구에서 행복하게 살 수 있는 환경을 지속해서 제공해 주기도 하며 또한 오염된 자연을 항상 정화해 주고 있다.

지금부터 수십만 년 전에도 지구에 오염이 있었을까? 당시에는 지금과 같지는 않았을 것이다. 지구라는 자연은 어찌 보면 신이 인간에게 선물한 원금과 같은 것이다. 우리 인간은 지구라는 자연의 원금에서 발생하는 이식만을 갖고 살아야 하는데 서구 문명의 기반인 자연과학의 발달로 인해 인간은 지구 자연이라는 원금을 계속 까먹고 있었다. 뒤늦은 감은 있지만, 최근에서야 인간들은 자연보호니 환경 보존이니 하면서 지구 자연 원금 지키기에 열을 올리고 있는 것 아니겠는가!

　자연을 바라보는 시각도 동양과 서양은 서로 그 견해를 달리 해왔다. 동양에서는 자연과학의 발전이 결국 지구라는 원금을 까먹게 되고 자연과 인간과의 관계에 있어 균형과 조화를 해치게 된다는 것을 일찍이 깨달았다. 동양은 결국 자연과학을 일찍부터 발전시켜온 서구의 침략을 받아 많은 어려움을 겪기도 했지만 앞으로 강대국의 힘의 구도가 어찌 될지 어느 누가 알 수 있겠는가!

　동양은 자연에 있어서 나 우리 인체에 있어서 모두 허(虛)를 중요시 해왔다. 지금 우리나라에서도 중요시하고 있는 갯벌 보존이니 늪지 보호니 하는 운동들은 결국 자연의 허(虛)를 회복시켜야 한다는 사상에서 출발한 것일 것이다. 허(虛)를 상실한 자연은 우리 인간에게 더 이상 유익한 공간을 제공해 주지 않는다.

　자연 개발과 자연보존이라는 두 마리 토끼를 다 잡아야만 하는 우리들로서는 고민이 아닐 수 없겠으나 우리는 옛 현인들의 지혜를 빌려 자연과 인간이 영원히 조화를 이루며 행복하게 살 수 있는 방법을 찾아내야만 할 것이다.

천지자연과 우리의 몸뿐만이 아니라 우리 인간의 영혼도 오염될 수 있다. 아담과 이브가 사탄에 의해 영혼이 오염되어 죄를 짓게 된 것을 원죄라고 한다면 이후 우리 인간은 이 같은 원죄의 굴레에서 벗어나지 못하고 있다. 그러나 예수님께서는 우리의 죄를 대신하여 십자가에 못 박혀 돌아가심으로써 우리의 오염된 영혼을 깨끗하게 정화할 수 있는 방법을 제시해 주셨다.

지금처럼 혼탁한 현대사회에 있어서 우리 몸의 오염보다도 사실은 우리 영혼의 오염이 더 심각한 문제일 거라고 나는 생각한다. 오직 하나님 말씀만이 우리의 오염된 영혼을 구원해줄 수 있는 유일한 방법이 아닐까? 우리 주위의 사탄과 마귀는 각양각색의 방법으로 우리의 영혼을 무차별적으로 공격하여 오염시키고 있다. 불안, 근심, 걱정, 원망, 불평, 시기, 질투, 낙심, 절망, 의심, 두려움 등은 사탄과 마귀가 우리에게 역사하는 영혼의 오염물질이다.

예수님께서 무엇 때문에 이 세상에 오셔서 왜 십자가에 못 박혀 돌아가셨는지를 이 혼돈의 시대에 우리 모두 다 같이 심각하게 고민해 보아야 할 때가 아닌가 싶다.

"너희는 세상의 빛과 소금이 되라"라는 예수님의 말씀이 새삼 깨달음이 되어 가슴속으로 다가온다.

총장님! 우리 총장님

요즈음 우크라이나 문제가 세계 언론의 주목을 받고 있다. 천신만고로 공산주의로부터 독립은 하였으나 아직도 러시아의 영향력으로부터 완전히 벗어나지 못하고 있는 것 같은 느낌이다. 나는 우크라이나에 대해서 남다른 애정을 갖고 있다.

KT를 퇴직한 직후 평소 친분이 있었던 맹정섭 씨가 제안 하였다. '한-우크라이나 친선교류협회'를 활성화해 보자는 것이었다. 전 성균관대 정범진 총장님을 삼고초려 끝에 초대 회장으로 모셨고 전 KBS 스포츠 김학영 사장님을 고문으로 위촉하였다. 그리고 감사는 내가 맡고 맹정섭 씨는 사무총장을 맡아 많은 사람의 성원 아래 '한 · 우크라이나 친선교류협회'를 발족시키게 된다. 맹정섭 씨는 현재 충북 충주에서 자신의 고향을 위한 정치활동을 열심히 하고 있다.

우리는 이후 협회 이사로 전 MBC 엄기영 사장과 전 KBS 광고국 이상우 국장 그리고 전 한국방송광고공사 남영진 감사, 홍지일 기획실장 등을 섭외하여 참가토록 하였고, 그 외 많은 분이 동 협회 활동에 참여해 주셨다.

주한 우크라이나 대사님은 '레즈닉'이라는 분이셨는데 인품이 매우 훌륭하셨다. 후에 이분은 주중 우크라이나 대사를 역임하실 정도로 능력적인 면에서 본국으로부터 두터운 신임을 받고 계신 분이었다. 주중 대사 시절 협회 임원을 중국으로 초청하기도 하였다.

우크라이나에도 역시 이와 같은 성격의 친선협회가 조직되어 있었고 우크라이나 측 회장님은 당시 현직 문화부 장관님이 맡고 계셨다. 우리는 이 협회의 공식초청을 받아 정범진 회장님을 모시고 우크라이나의 수도인 키예프(kiev)를 방문하였다.

우크라이나는 문화적으로는 우리나라와 비슷한 점이 많은 것 같아 보였다. 특히 시골 농촌의 모습은 농장기하며 농가의 기타 분위기가 우리의 농촌과 매우 흡사하다는 생각도 들었다. 키예프에 체류 중 우리는 오페라 공연에 초대되어 이를 관람하기도 하였다. 그때의 감동은 아직도 여운이 남아 내 가슴을 설레게도 한다. 당시 우크라이나 대학교수의 월급이 40불 정도였다는데 우리가 관람한 오페라공연 티켓이 100불이었다고 하니 우크라이나의 예술문화 수준을 감히 짐작게 한다. 또한, 콘서트홀을 가득 메운 관객에 우리는 다시 한번 놀랐다.

우크라이나 독립기념일 행사가 서울에서 있을 때면 우리 협회에서 협찬하여 도움을 드리곤 하였고, 이에 대한 답례로 레즈닉 대사님은 협회 임원들을 대사관저로 초청하여 만찬을 베풀었다. 이때 우리는 우크라이나의 전통음식을 맛볼 수 있었고 그 맛이 매우 독특하고 인상적이었던 것으로 기억한다.

한편 협회 차원에서도 대사관 직원들에게 우리 한국문화도 소개하고 또,

한국의 보통 가정집에 초대하여 일상을 보여주는 것도 의미가 있을 것 같아 분당의 우리 집으로 대사님 내외분과 직원 및 가족들을 초대하여 저녁 식사를 대접할 기회가 있었다. 아내가 정성을 다해 준비한 부추잡채며 된장찌개 등을 대사관 직원 모두가 맛있게 드시던 모습이 지금도 눈앞에 선하다. 레즈닉 대사님은 우크라이나에서도 가장 좋다고 정평이 나 있는 보드카를 선물하셨는데 모처럼 보드카 술의 진수를 맛볼 수가 있었다.

정범진 총장님은 성균관대 총장님으로 재임 시에 '삼성'을 학교 재단법인으로 영입하는 데 크게 공헌하신 걸로 나는 알고 있다. 당시에는 이런저런 뚱딴지같은 말들이 왜 없었겠는가! 그러나 총장님은 오로지 학교 발전의 백년대계만을 내다보고 과감하게 밀어붙이셨다고 한다.

우리 민족의 특성상 뭐라도 남이 잘 되는 것을 보면 그냥 놔두지 못하는 나쁜 기질이 조금은 있지 않은가! 뒷담이긴 하지만 삼성 측에서도 정범진 총장님에 대한 신뢰가 없었다면 일이 성사되기가 쉽지는 않았을 거라는 후문이다. 남들이 감히 엄두도 낼 수 없는 어떤 일을 이루고자 할 때는 다소의 비난은 감수할 수밖에 없다. 삼성을 학교 재단법인으로 영입한 이후 이제 겨우 십수 년이 조금 넘게 흘렀지만, 지금의 성균관대학교는 국내 제일의 사학 반열에 당당히 올라서 있지 않은가!

나는 당시 어려운 일을 이뤄내신 총장님께 진심으로 박수를 보내드리고 싶다. 이후 총장님을 한·우크라이나 친선교류협회 회장님으로 모시면서 나는 회장님의 깊은 고독을 가까이서 직접 느낄 수가 있었다. 무엇인가 큰

무엇이 우리를 아프게 하는가

일을 이루고 난 다음에 밀려오는 거대한 공허감이 아마도 총장님을 더 깊은 고독의 늪으로 빠져들게 하였을지도 모른다. 이 같은 총장님의 외로움을 누가 감히 이해할 수 있노라고 쉽게 말할 수 있겠는가!

언제인가 경기도 광주에서 열린 도자기 축제에 초대되어 총장님을 모시고 다녀온 적이 있는데 이곳에서 총장님은 도자기 초벌구이에 노자의 도덕경에 나오는 귀중한 글을 손수 새겨 내게 주셨다. 노자의 도덕경 44장에 나오는 글이다.

'知足不辱　知止不殆　可以長久'

'만족함을 알면 욕됨이 없고 멈출 줄을 알면 위태함이 없이 오래갈 수 있다.'라는 뜻으로 이해하고 있다. 이 글은 백제 근초고왕의 태자인 근구수(이후 근구수왕이 됨)가 고구려군 제일의 정예부대인 적기 부대를 격파하고 지금의 황해도 신계까지 진격한 후 근구수 태자가 더 진격하려 하자 같이 있던 백제장군 막고해가 노자의 도덕경에 나오는 이 글을 인용하여 만류하면서 근구수 태자의 북진을 멈추게 하였다는 일화를 남기고 있기도 하다. 나는 이 글귀를 늘 마음에 새겨 내 삶에 지표로 삼고 있다.

2010년 협회 이사로 계시는 전 MBC 엄기영 사장이 강원도지사 보궐선거에 출마를 선언하셨다. 나는 회장님을 모시고 선거 격려차 춘천으로 향했다. 당시 최문순 후보도 도외시할 관계는 아니었지만, 일단은 엄기영 후보만 방문케 되었다. 엄기영 후보는 예나 그때나 한결같은 모습이셨는데 나도 한때 선거 전쟁을 치러봐서인지 왠지 모르게 애처로워 보였다. 힘내시라는 몇 마디 말을 남기고 총장님과 나는 다시 귀경길에 올랐고 점심은 춘천 근교 허름한 중국집에서 자장면을 한 그릇씩 비웠다.

총장님께서는 모처럼의 야외 나들이라고 하시며 무척 즐거워하시는 것 같았다. 사모님과도 가끔 이 길을 드라이브 하셨다며 잠시나마 사모님 생각에 깊이 잠기시는 듯도 보였다. 총장님께서 대학교수 시절 동료분들과 이곳 경춘가도를 몇 번이나 탐방하기도 하셨단다. 학교를 퇴직한 후에는 이곳에 전원주택을 마련해 볼 요량이셨는데 아직 꿈을 이루지 못하고 계신다는 말씀도 주셨다.

나는 개인적으로 총장님 같으신 분이 우리나라 교육계의 수장이 되셨어야 한다고 굳게 믿고 있는 사람 중에 하나다. 학자이시면서도 학교경영을 잘 알고 계신 총장님은 최소한 우리나라 교육이 앞으로 어떤 방향으로 나

무엇이 우리를 아프게 하는가

가야 할지를 정확하게 이해하고 계실 것이다.

지금의 우리나라 교육정책은 어디 정책이라고까지 말할 수 있는 수준이 되기나 하는 것인지 의구심마저 생긴다. 현재의 교육정책에 문제가 있을 경우 그 원인을 찾아내 근원적으로 개선하지 못한다면 결코 문제가 해결될 수는 없을 것이다.

'스승님의 그림자는 밟지도 않는다.'라는 옛 속담이 있다. 그러나 이런 사실을 요즘 청소년들이 과연 깊이 있게 이해할 수 있을까? 지금처럼 스승님의 권위가 상실되어 땅에 떨어져 있고 또한 스승님에 대한 존경의 마음마저도 실종된 상태에서 과연 올바른 교육이 이루어질 수 있겠는가!

학교 교육의 목적이 단순한 지식전달만이 아니라는 사실을 모르는 국민은 아마 한 사람도 없을 것이다. 그런데도 우리의 교육 현실은 개선되기는커녕 점점 더 미궁으로 빠져들고 있는 것 같은 느낌이다. 교육에 대한 계획은 백 년 앞을 내다보고 세워져야 하는데 그때그때의 임시처방에 급급한 나머지 땜 방식의 어설픈 정책 가지고는 지금 우리가 짊어지고 있는 교육의 문제를 근원적으로 해결하기에 어림도 없어 보인다. 우리 앞에 놓여 있는 작금의 이 같은 난제에 옳은 답을 하실 수 있는 혜안(慧眼)을 갖고 계신 인재가 우리 사회에 정녕 없는 것인지 하늘을 향해 크게 외쳐 묻고 싶다.

그간 우리나라는 미국 유학파들이 정부의 모든 정책 입안에 많은 영향을 주어왔던 것도 사실이다. 그러나 교육정책만큼은 공자와 맹자 사상에 기초한 동양적 사고에서 그 근본을 찾아내야 하지 않을까?

최근 중국에서 공자 열풍이 불고 있는 것을 보면 작금의 우리에게 시사하는 바가 큰 것 같기도 하다. 동양적이라는 것의 진정한 의미는 과연 무엇일까? 우리는 그동안 서양적이라는 것에 대한 상대적 개념으로서의 동양적이라는 것의 의미를 다소 미개하고 아니면 덜 세련된 것으로 이해하고 있었던 것도 숨길 수 없는 사실이다.

지금까지 우리 사회는 각 분야에 걸쳐 동양인으로서 서구문화에 대한 일종의 콤플렉스(Complex)를 갖고 있지 않나 생각한다. 우리에게 잠재적으로 내재되어 있는 서구문화에 대한 일종의 열등의식! 서양적인 것이면 무조건 좋은 것이라는 선입견을 우리는 이제 극복할 수 있어야 한다. 동양의 인문고전을 조금만 더 주의 깊게 읽어봐도 누구나 다 알 수 있는 이 같은 인간에 대한 근본원리를 왜 우리 교육계 인사들은 모두 외면하고 있는 것인지 정말 알다가도 모를 일이다.

얼마 전 서울시 교육감 사태를 모든 국민이 다 알고 있을 것이다. 작금의 우리나라 학교 교육의 현실을 보면서 그 심각성을 모르는 사람이 과연 있을까? 그러나 정작 올바른 답을 하는 사람은 아직 아무도 없다. 답을 할 수 있는 역량 있는 분들은 우리 총장님처럼 모두 꼭꼭 숨어계시기 때문이다. 우리는 이런 분들을 찾아내어 교육 정책의 현장으로 다시 모셔야 한다. 칼도 외과 의사의 손에 들려있으면 메스(mes / scalpel)가 되어 죽어가는 사람을 살리기도 하지만 강도의 손에 잡혀 있으면 사람의 생명을 앗아갈 수 있는 흉기가 될 수도 있다. 지식도 마찬가지가 아니겠는가! 근본이 갖춰져

무엇이 우리를 아프게 하는가

있지 않은 사람이 갖고 있는 지식은 도리어 많은 사람을 어렵게 만든다.

그동안 우리 사회는 속칭 지식인이라고 하는 사람들이 우리 보통 사람들의 정신문화를 훨씬 더 많이 오염시켜 온 것도 사실이다. 알량한 지식이 강도의 손에 잡힌 칼처럼 작용할 때 그 사회가 올바로 운행될 수 없는 것은 자명하기 때문이다. 균형 잡힌 인격에 기초한 지식인이 특히나 요구되는 오늘날! 자신이 갖고 있는 지식이 외과 의사의 손에 들려진 메스가 될 수 있도록 우리 모두는 자신을 한번 되돌아볼 필요가 있을 때인 것 같다.

총장님은 서울에 오셔서 대학을 졸업하고 대만 유학을 마친 후에도 고생이 많으셨다고 한다. 당시의 애환과 또한 당신의 부모님에 대한 회상에 눈시울을 붉히시던 모습은 내 마음에도 여울이 되어 오래도록 가슴속에 남아 다시 감동으로 다가오기도 한다. 어머니께서 돌아가신 후 총장님께서는 어버이날을 맞아 자신이 어려웠던 시절의 어머니를 생각하시며 글 한편을 쓰셨는데 그 일부만을 여기에 옮겨 본다.

"늙어 봤어야 알지" / 어머니 죄송합니다!

나의 어머니는 1899(己亥)년 음력 10월생으로 1983(癸亥)년 10월에 돌아가셨다. 그러니까 지금까지 살아 계신다면 만 100세가 되신다. 학력은 그 당시 우리나라 대다수의 부녀자들이 다 그랬듯이 무학이지만 그러나 지어 놓으신 내방가사(內房歌辭)를 보면 그렇게도 유식하고 특히 한문에 소양이 깊고 또한 문학적 소질이 그렇게도 풍부하셨음을 알 수 있다. 열여섯 어린 나이에 부모님들의 일방적인 명에 따라 남편에 대한 정보는 눈곱만큼도 알지 못하는 상황에서 새로운 미지의 환경인 시집, 즉 우리 집으로 출가하셔서 평생을 평탄치 못하게 보내셨다. 젊은 새댁 시절에는 층층시하에서 엄하신 구고(舅姑)의 위엄 아래에서 하루 종일 시중을 들다 보면 욱일낙조(旭日落照)가 어떻게 지나갔는지 느끼지도 못하였고 중년이 되었을 때는 남편과 자식들의 뒤치다꺼리에 심신의 고통이 말이 아니었으며 남편으로부터는 남들처럼 아기자기한 사랑 한번 받아 보지 못하였고 그렇다고 만년에 가서는 자식들의 효성을 받으면서 행복한 일생을 누려 보지도 못하시고 돌아가셨다.

나는 해외 유학에서 돌아온 후 약 7년간을 정말 어렵게 살았었다. 그것은 나의 전공이 비인기 분야여서 바로 취직이 되지 않아 비참한 생활을 했기 때문이었다. 그때 맨주먹으로 시작하는 신접살림의 대학 강사 생활이란 공휴일도 제외해 버리는 강사료로는 솔직히 말해서 계란 하나 사 먹기조차 쉽지 않을 만큼 가난했었다. 어디 그뿐인가, 낡고 작은 한옥의 대문 옆에 달린 단칸 문간방을 7~8년 사이에 무려 20여 차례 이사를 다니면서 살아야 했던 고난의 시기였다. 물론 전셋돈이 부족해서였다. 그때 그런 사정은 직접 겪어 보지 못한 사람은 상상조차 할 수 없을 것이다.

그처럼 어렵게 살고 있었어도 나의 어머니는 가끔 우리 집에 오셔

무엇 우리를 아프게 하는가

서 며칠씩 묵었다가 가시곤 했다. 그 당시 서울에는 형님 댁이 두세 군데 있었지만 역시 아주 넉넉하지 못해서 이 집 저 집 돌아다니고 계셨다. 그때 내가 피곤한 모습으로 퇴근을 하면 어머니께서는 나의 야위고 병색인 몰골을 보시고 다가오셔서 나의 두 다리를 주물러 주시는 것이었다. 나는 너무도 놀라고 송구스러워서 "어머니 왜 이러세요? 제가 주물러 드릴게요" 하면서 어머니의 손을 뿌리치고는 했지만 어머니는 한사코 내 다리를 주물러 주셨다. 기실 그 순간 나는 속으로 "그래, 이렇게 하셔서 어머니의 마음이 편하고 좋으시다면 잠시 어머니 하시는 대로 가만히 있어야겠다." 생각하고 1~2분 정도, 그 보약보다 더 효력이 높은 어머니의 약손 효과를 만끽하곤 했었다. 그런데 물론 어머니의 완강한 손사래는 있었지만 어째서 나는 역할을 바꾸어서 어머니의 다리나 어깨를 억지로라도 주물러 드리지 못하였는지 지금에 와서 아무리 생각해 봐도 이해를 할 수가 없다.

아! 그것이 나의 일생일대의 실수요, 불효요, 한이 될 줄을 어찌 짐작이나 할 수 있었겠는가? 당시 어머니께서는 당신의 다리가 그렇게 아프시니까 내 자식도 다리가 아프겠지 생각하고 나의 다리를 주물러 주시려고 했던 것인데 나는 그때 내 다리가 별로 아프지 않았기 때문에 어머니의 다리 아프신 사정을 까맣게 모르고 있었던 것이다. – 중략 –

1999(己卯)년 5월 8일, 어버이날에

총장님의 지극하신 효심이 절로 느껴진다. 이 글을 읽는 내내 나의 두 눈 역시도 붉게 물들어 있었다. 어머니에 대한 한없는 그리움과 후회의 한이 어찌 총장님께만 적용되는 일이겠는가!

총장님은 나를 도와주지 못해 항상 안타까워하시며 보잘것없는 내 사업을 늘 물어보시고 걱정해 주기도 하셨다. 내가 자신의 이익을 위해 고생하고 있는 것이 아니라 수천 명의 KT 퇴직자 문제를 책임지기 위해 동분서주하는 모습이 무척이나 안타깝게 느껴지셨는가 보다.

한 번은 어떤 재즈 모임에서 내게 전화가 걸려왔다. 총장님께서 작사하신 시조에 재즈음악을 하는 젊은이들이 곡을 붙여 산사에서 음악회를 연다는 것이었다. 그날따라 가랑비가 오락가락하였으나 나는 길을 물어 산속 깊숙이 위치한 조그만 암자를 찾았다.

총장님은 행사 주최 측이 후원금을 받기도 하는데 부담 갖지 말라며 신신당부까지 하셨다. 그냥 눈물이 왈칵 쏟아질 뻔하였다. 당시 나의 재정 형편이 별로 좋지 않았던 것을 총장님께서 알고 계신 까닭이다. 총장님 사모님께서는 커피와 떡 등을 몇 번이나 내게 가져다주시며 관절염으로 몸이 불편하신데도 불구하고 우리 일행까지 일일이 챙기시느라 분주하셨다. 나는 그저 미안한 마음에 몸 둘 바를 몰랐다. 총장님 사모님의 모습은 돌아가신 우리 어머니 생각을 떠올리게도 하시는데 온화하신 용모에 짙게 배어 있는 후덕(厚德)하심은 그냥 "엄마" 하며 달려가 와락 안기고 싶은 마음을 자아내게도 하신다. 총장님의 자애로우심과 사모님의 후덕하신 성품이 어우러져 환상적인 조화를 이뤄내고 계신 것 역시도 사실이다. 또한 두 분은 총장님의

무엇이 우리를 아프게 하는가

대쪽 같으신 선비 향의 품새와 그리고 백합꽃 향내 나는 사모님의 자태가 잘 어울려 조화를 이루고 계신 어쩌면 한 쌍의 원앙새 같으시다는 생각도 든다.

　형편이 조금 더 좋아지면 총장님 내외분을 모시고 정갈한 식사라도 대접해야지 하는 생각을 언제부터 갖고 있었던가! 지나온 세월에 그 기억마저 가물가물해진다.　조금만 더 조금만 더 하면서 많은 시간이 덧없이 흘러갔다. 언제나 총장님께 내 마음을 보여드릴 수 있을는지.　안타까운 심정에 슬며시 눈물까지 고여 난다.

　얼마 전 총장님을 식사 자리에 모실 기회가 있었다. 얼굴의 주름도 예전보다 깊어지신 것 같아 보여 총장님께도 세월이 흐르고 있구나 하는 생각이 들었다. 내 나이 40대에 총장님을 처음 뵈었는데 벌써 이순(耳順)의 나이를 넘기고 있으니 총장님께서는 어떠하시겠는가! 자주 찾아뵙지 못한 죄스러움은 여전히 가슴 한편에 남아있다. 총장님께 용서를 구할 뿐이다. 총장님 내외분의 건강하신 모습을 지나온 세월만큼이나 더 오래도록 뵐 수 있기를 간절히 기원합니다.

우아함의 미학(美學)

중국 당나라에서는 관리를 채용할 때 사람의 4가지 덕목을 보았다고 한다. 신언서판(身言書判), 여기서 용모와 말씨 그리고 서(書)에 해당하는 필체와 문체는 따져보기가 용이하겠으나 판단력에 대해서는 어떻게 평가했는지 얼른 이해되지 않는다.

얼마 전 진도 앞바다에서 발생한 세월호 사고는 우리 국민 모두를 멘붕 상태로 만들기에 충분했다. 결정적이고 긴박한 순간! 당시의 급박한 상황에서 리더의 판단과 결정은 그 결과의 파장이 너무나 클 수밖에 없다. 수백 명을 죽일 수도 또 살릴 수도 있었기 때문이다. 그러나 위급한 상황에서 올바른 판단을 할 수 있는 힘은 저절로 생겨나는 것은 아니다.

'self-discipline', 즉 자기 자신의 끊임없는 훈련과 그리고 필요한 부분에 대한 지속적인 교육을 통해서 만이 이 같은 덕목이 옳게 갖춰질 수 있을 것이다. 결정적인 순간에 판단을 잘못하여 대세를 그르친 예를 우리는 주변에서 그간 너무 많이 보아오지 않았는가!

그러면 올바른 판단의 기준은 어디에서 찾아야 할까? 실정법 또는 관습법에 배치되지 않으면 괜찮은 것인지, 아니면 종교적, 도덕적 기준의 잣대

무엇이 우리를 아프게 하는가

까지 들이대어 맞춰보아야 하는 것인지. 우리는 어떤 중요한 판단을 해야만 하는 순간순간마다 혼란을 느낄 때가 무척 많다. 그러나 이들 판단의 기준 역시도 시간과 공간에 따라 그 가치가 달라질 수밖에는 없을 것이기 때문에 시대를 초월하여 그리고 어느 지역에서나 절대적으로 인정될 수 있는 가치는 아마 존재하지 않을 수도 있다.

일반적으로 규모가 크다 혹은 작다는 개념에도 절대적인 기준은 없다고 본다. 크다고 판단했어도 상대적으로 더 큰 것과 비교하면 도리어 작은 것이 될 수밖에 없기 때문이다. 과연 이 우주상에 절대적인 가치 기준이 존재할까? 어쩌면 우리는 영원히 상대적 가치의 질곡에서 벗어날 수 없을지도 모른다. 인간 삶의 여정에서 결정적 순간에 발한 어떤 한 사람의 판단은 그 사람을 총체적으로 규정하는 데 있어서 가장 강력한 평가요소가 되기도 한다. 이같이 위중한 순간에 내려지는 결정에는 한 사람이 갖고 있는 삶에 대한 철학이며 가치관 등 이 모든 것이 그 판단 안에 고스란히 녹아 있기 때문이다.

며칠 전 스타벅스 커피숍에서 우연히 〈LUEL〉이라는 잡지가 눈에 띄어 보게 되었다. 무료하게 책장을 넘기던 중 '내 판단으로는'이라는 제목이 언뜻 눈에 들어와 단숨에 읽어 보았다.

번역가와 작가로 활동하고 있는 박상미 씨의 글이었다. 내가 평소에 갖고 있던 생각과 같아서인지 많은 부분에 공감이 느껴졌다. 영화 〈代父〉시리즈를 보고 난 후의 느낌을 적은 대목은 마치 내 생각을 옮겨 놓은 것으로 착각할 정도였으니까. 최근 우리나라 영화산업은 호황을 누리고 있는 것처럼 느껴진다. 얼마 전까지만 하더라도 할리우드 영화 수준에는 현저히 못 미치는 상황이었지만 지금은 그렇지 않아 보인다.

사실 영화의 수준은 작품성, 연기력, 화질, 음향 그리고 카메라 워크 (Camera Work) 등 이 다섯 가지가 핵심을 이루고 있다 해도 과언은 아닐 것이다. 한국 배우들의 연기력 향상, 그리고 화질을 결정하는 조명기술과 음향을 좌우하는 녹음기술의 발전은 한국 영화를 세계적인 수준급 반열에 올려놓았다. 또한, 한두 대의 카메라로 영화를 제작할 수밖에 없었던 열악한 영화 자본 시장의 변화는 할리우드의 영화 스타일을 따라잡을 수 있는 충분한 계기가 되었을 것으로 생각한다. 이런 관점에서 볼 때 영화 〈代父〉 시리즈는 잘 만들어진 영화라고 평하지 않을 수 없다.

박상미 씨의 〈내 판단으로는〉이라는 글을 읽는 내내 이순(耳順)의 나이를 넘겼음에도 아직까지 훌륭한 판단력을 갖추고 우아한 신사가 되어 있지 못한 나 자신에 대해 깊은 절망감이 물밀 듯 밀려왔다. 평소 아무런 감정 없이 접해 왔던 '우아함'이라는 단어가 새삼 가슴 뭉클하게 다가오는 것은 웬 까닭일까? 텅 빈 가슴이 절절하게 시려오는 느낌이다. 누군가를 위해 자신을 희생할 수 있다는 것! 그 대상이 개인이건, 가족이건 아니면 사회이든 간에 무척 아름다운 마음씨 아니겠는가! 자신을 희생해서라도 지켜주고 싶은 가족이 있다면 그것만으로도 무한한 행복이 된다는 사실을 진정으로 이해하고 있는 사람들이 그리 많지 않아 보인다.

무엇이 우리를 아프게 하는가

영화 〈代父〉에서의 마이클(Al Pacino 분)도 사회적 가치의 옳고 그름을 떠나 자신의 목숨을 걸고서라도 지켜 내려 했던 것이 분명 있었을 것이다. 점점 삭막해져만 가는 현실이 그저 안타깝게만 느껴질 뿐이다. 그러면 '우아함'의 실체는 과연 무엇일까? 우아함이 오롯이 묻어나 있는 한 남자의 귀족적인 매력! 그냥 모든 면에서 우아한 사람이 되고 싶은 마음이 간절해진다. 아직은 우아한 멋을 온전히 갖추고 있지 못한 아쉬움에 박상미 씨의 글을 원문 그대로 옮겨 본다.

내 판단으로는

박 상 미

중국 당나라에서는 관리를 채용할 때 사람의 네 가지 덕목을 보았다고 한다. 신언서판(身言書判). 용모, 말, 글, 판단력. 새길수록 깊이가 우러나는 이 기준은 내가 남자를 볼 때 (사실 여자를 볼 때도 마찬가지) 자동적으로 떠올리는 것이기도 하다. 일단 용모. 물론 모든 남자가 장동건 같은 미남이어야 한다는 얘기가 아니다. 신체 건강하고 자세가 바르며 전체적인 인상이 조화롭게 절제와 품위가 어우러진 외모를 말하는 것이다. 몸은 정신의 그릇이라 할 수 있다. 그릇이 깨져 있거나 조잡하게 생겼을 때 그 안에 뭘 제대로 담을 수도, 담긴 것을 돋보이게 할 수도 없는 것은 당연한 이치다.

둘째는 말. 일단 목소리가 굵고 말투는 차분하며 설득력을 지녀야 한다. 말을 실천하며 사느냐는 나중의 문제이고 일단 상대의 말을 주의 깊게 듣는다면 그 사람이 어떤 생각을 갖고 사는 사람인지 알 수 있다.

셋째는 글. 즉 필체와 문체다. 예전에 필체는 남자를 판단하는 중요한 덕목이었다. 말하자면 선비가 갖고 있는 궁극의 스타일. 요즘은 그 아름다운 덕목 하나가 점차 사라지고 있어 안타깝지만 나부터도 손글씨를 점점 안 쓰다 보니 필체엔 자신이 없어진다. 글쓰기가 무척이나 어려운 일이어서 그것을 업으로 삼지 않는 이들에게 문체는 고사하고 좋은 글쓰기를 바라는 것조차 어려운 일이다. 자기만의 스타일이나 유려한 문장은 아니더라도 맞춤법과 문법에 맞는 글쓰기, 사리에 맞는 생각을 바르게 표현한 글쓰기 정도면 충분히 매력 있다.

마지막이 판단력이다. 네 가지 기준 중 마지막에 판단력이 들어간 것은 가장 덜 중요해서가 아니라 가장 결정적이어서가 아닐까? 사람이 칼이라면 판단력은 날에 해당한다. 날은 결국 칼을 우아하게 움직일 수 있게 하는 핵심 요소다. 존재로 하여금 방향성을 가지고 움직이게 만드는 요소. 그렇다. 판단력이란 말에는 이에 실행이라는 다음 단계가 포함되어 있어 판단만 하고 행동하지 않는 사람을 두고 판단력이 좋다고 이야기하지는 않으니까.

무엇이 우리를 아프게 하나

판단력이란 말에는 정확성도 포함된다. 오판을 자주 하는 사람을 두고 판단력이 좋다고 하지 않기 때문이다. 그러니까 판단력은 이렇게 아름다운 말이며 또한 정확성과 실행능력을 내포한 인간이란 존재를 비로소 우아하게 만드는 중요한 능력인 것이다.

남자의 우아함! 나는 상상한다. 남자는 움직이는 동물이고 움직임의 궁극은 우아함이다. 그러니까 훌륭한 왕을 상상하면 쉽다. 문무에 모두 뛰어나 좋은 유전자를 물려받은 한 남자. 이 남자의 움직임. 느려야 할 때 여유롭고 빨라야 할 때 누구보다 민첩하다. 매 순간 중요한 판단을 내리는 일이 그의 직업. 판단은 언제나 정확해야 한다. 말하자면 판단은 사건의 골조만 남기고 생각을 단순화하는 작업이다. 바우하우스(Bauhaus)의 실내처럼 모든 불필요한 요소를 제거해야 한다. 패션계의 대모였던 다이애나 브릴랜드는 "우아함은 거부하는 것"이라고 했다. 거부하고 잘라내는 작업은 어렵지만, 그 결과는 우아하다. 하루에도 수차례 이런 일을 되풀이해야 하는 사람, 정확한 판단을 내려야 하는 사람은 외롭다. 지독하게 외롭다. 여자가 외로운 남자에게 매혹된다는 촌스러운 클리셰(cliche) 같은 얘기가 곧이들리지 않는가! 믿어도 좋다. 남자가 외로울수록, 그의 굳게 다문 입술이 애처로워 보일수록, 그를 에워싼 공기가 텅 비어 보일수록 여자는 그의 곁에 머무르고 싶어진다. 물론 다가가기는 어렵다. 그가 내뿜는 거부와 고독의 분위기. 어쩔 수 없이 귀족적이다.

요 며칠 영화 〈代父〉에 꽂혀 있었다. 〈代父〉 시리즈야 예전에 다 봤지만 좋은 영화들이 대개 그러하듯 보는 시기에 따라 나를 건드리는 부위가 달라진다. 예전에 봤을 때는 이탈리아 마피아의 풍속도적인 내용이라든가 옛 뉴욕의 모습, 미학적인 폭력 장면 등이 인상적이었던 듯하다. 하지만 이번에는 사뭇 달랐다. 이상할 정도로 마이클 콜레오네(Al Pacino 분)의 운명이 바뀌는 순간에 몰입하게 되었다. 아버지 돈 콜레오네(Marlon Brando 분)가 다른 마피아 패밀리의 총에 맞아 쓰러지자 가업에 대해 전혀 신경 쓰지 않던 마이클이 갑자기 앞으로 나서는 부분. 마치 아버지에게 물려받은 피를 증명하듯 마이클은 위기상황에서 매우 침착하게 엄청난 결정을 내리며 가업에 합류한다. 냉엄한 판단의 결과로 겪을 수 있는 신상의 피해에 대한 두려움은 보이지 않는다. 그렇게 거사를 치르고 그는 시칠리아로 몸을 피하는데 그곳에서 보여주는 판단력 역시 대단하다.

그는 첫눈에 사랑에 빠진 여자의 아버지에게 바로 청혼한다. 청혼이 로맨스의 절정인 이유는 여자를 통째로 휘청거리게 만드는 그 남자의 개입 의지, 판단력 때문이 아닐까? 청혼이 갑작스러울수록, 그 의지가 강할수록 로맨스는 강력해진다. 마치 수천 년을 품고 있던 신비롭고 영험한 칼을 쓰는 순간 같다. 그 어느 때보다 존재를 빛나게 하는 결단의 순간. 마이클이 반한 시칠리아의 시골 처녀처럼 살고 싶을 때가 있다. 나를 뚫어지게 바라보는 남자의 시선 속에 갇혀 누구보

무엇이 우리를 아프게 하나

다 번득이는 판단력을 가진 남자의 갑작스러운 청혼에 내 의지가 아닌 듯 순순히 따라가는, 매 순간 지독하게 외로운 그의 곁에서 위안인지도 모르는 채 위안으로 남아있는, 정해진 시간에 차를 끓여주고 그의 힘든 표정 앞에서 배시시 웃고 그가 원하는 실크블라우스를 챙겨 입고 나의 뺨을 그의 손에 가져다 대며 행복해하는 단순한 여자! 왕과 시녀의 놀이를 하듯 그가 중요한 결정을 내릴 때 뒤로 물러나 있고 그의 주변이 공허해질 때 치마를 들어 올려 하얀 발을 들여놓는 여자! 물론, 이건 시대착오적인 피학적 판타지(fantasy)다. 나의 모든 자유의지를 포기하고 싶게 만드는 남자에 대한. 그 남자의 정확하고 민첩한 판단력, 영웅처럼 외로운 그의 삶은 이런 판타지를 불러일으킬 정도의 강력한 페티시(fetish)가 된다.

논어의 위정편에 보면 공자는 15세에 학문에 뜻을 두고 30세에 뜻이 확고하게 섰으며, 40세에는 미혹됨이 없었고, 50세에는 하늘의 명을 알았으며, 60세에는 귀가 순하여 남의 말을 듣기만 하여도 이해하게 되었고, 70세에는 마음이 원하는 대로 하여도 어떤 규율이나 법도 등을 벗어나지 않았다고 한다. 그러나 수명이 20여년 이상 연장된 현대적 관점으로 볼 때 지금은 60세에 불혹, 70세에 지천명, 80세에 이순, 그리고 90세에 가서야 종심 소욕불유구 할 수 있지 않겠는가!

진정한 의미에 있어서의 우아함이란, 어쩌면 공자가 스스로를 단련시켜 이루어 낸 이 같은 고고한 인품에서 먼저 찾아야 하는 것 아닐까?

제2장

아름다운 영혼

무엇이 우리를 아프게 하는가

신(神)의 입자

4차원의 세계

영적 전쟁

영원을 향한 고독

크리스천 부자

사랑의 기적

고난의 신비

신(神)의 입자

신(神)은 과연 존재하는가?

인류의 역사 속에서 우리 인간이 수없이 던져온 질문이며 이 같은 물음은 무신론자뿐만 아니라 유신론자까지도 기도하면서 묻고 또 물었을 질문일 것이다. 삼성의 창업주 故 이병철 회장이 타계하시기 한 달여 전에 천주교 모 신부님에게 질문했던 종교적 물음이 얼마 전 언론에 공개된 바 있다.

24개의 질문이 A4 용지 다섯 장에 빼곡히 적혀 있었는데 "신이 존재한다면 왜 자신을 드러내지 않는가?" 라는 첫 물음부터 "지구의 종말은 오는가?" 라는 마지막 물음까지 우리나라 경제계의 거목이 던졌던 종교적 질문에는 한 인간의 고뇌가 고스란히 녹아 있다. 결국 이병철 회장께서는 이에 대한 답을 듣지 못하고 타계하셨지만, 그분의 영적 세계에 대한 관심사를 얼핏 엿 볼 수 있는 대목이 아닌가 싶다.

신의 존재를 어떻게 증명할 수 있나? 신은 왜 자신의 존재를 똑똑히 드러내 보이지 않는가?

무엇이 우리를 아프게 하는가

故 이병철 회장께서 던진 첫 번째 물음이다. 이 같은 질문에 얼마 전 차동엽 교수께서 답을 하셨다. 중앙일보 백성호 기자가 인터뷰한 신문 기사 내용을 원문 그대로 다시 옮겨본다.

우리 눈에는 공기가 보이지 않는다. 그러나 공기는 있다. 소리도 마찬가지다. 인간이 감지할 수 있고 또 알아들을 수 있는 소리의 영역이 정해져 있다. 가청영역 밖의 소리는 인간이 못 듣는다. 그러나 가청영역 밖의 소리에도 음파가 있다. 소리를 못 듣는 것은 인간의 한계이고 인간의 문제다. 신의 한계나 신의 문제가 아닌 것이다. 좀 더 구체적으로 말하자면 가령 개미와 코끼리를 보라. 개미는 이차원적인 존재다. 작고 바닥을 기어 다니는 개미에겐 평면만 존재한다. 입체도 개미에게는 평면이 된다. 그런 개미가 코끼리 몸을 기어 다닌다. 개미는 코끼리 몸을 느낀다. 그러나 코끼리의 실체를 파악하지 못한다. 왜 그런가? 개미의 인식능력에 한계가 있기 때문이다. 그게 코끼리가 없기 때문이 아니다. 그렇다고 개미가 코끼리를 모르는 것일까? 아니다. 개미는 코끼리를 느낀다. 코끼리의 부위에 따라 다른 질감을 느낀다. 신과 인간의 관계도 비슷하다 인간도 그렇게 신을 느낀다. 우리가 큰 그림을 그리지 못할 뿐이다. 신은 자신의 존재를 우리가 아는 방식으로 드러내지 않는다. 그러나 신은 이미 자신을 드러내고 있다. 현대물리학에선 우주의 차원을 11차원이라고 한다. 신이 존재한다면 그 너머의 차원까지 관통할 것이다. 3차원적인 존재가 11차원적 존재를 어떻게 인식할 수 있겠는가? 흑백 TV로 3D 컬러 영상물을 수신할 수 없는 것과 비슷하다.

우주의 탄생에 대해 지금까지 많은 학설이 있었으나 최근 빅뱅 이론이 설득력을 얻고 있다. 빅뱅 이론의 핵심은 지금부터 138억 년 전 두 개의 양전자가 빛의 속도로 달려와 서로 충돌함으로써 우주가 탄생하게 되었다는 내용이다.

두 양전자 충돌 후 태양 중심온도인 섭씨 1,500만 ℃의 10만 배나 되는 열이 발생하면서 엄청나게 큰 섬광이 있었다. 유럽우주국(ESA)은 빅뱅 이후 38만 년이 지난 약 138억 년 전의 초기우주 모습을 담은 빅뱅 잔류방사선 지도인 '태초의 빛 지도'를 2013년 3월에 공개하기도 하였고 우주의 나이도 기존에 알려진 137억 년 보다 약 8천만 년 더 오래된 약 138억 년으로 분석하기도 하였다.

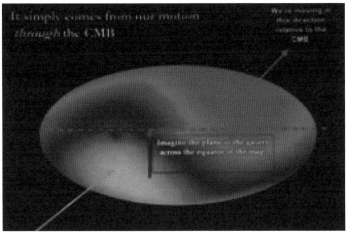

COBE 위성이 Big Bang 이후 40만년이 경과한 우주의 모습을 가시화 한 것인데 동양에서의 태극의 모습이다.

이 같은 빅뱅(Big Bang) 후 단 1초도 안 되는 시간 동안만 존재했다가

무엇이 우리를 아프게 하는가

없어진 어떤 물질이 있다고 주장한 학자가 피터 웨어 힉스(Peter Ware Higgs)이다. 따라서 이런 주장을 힉스 이론 이라고 하며 빅뱅 후 순간적으로 존재했다가 사라진 물질을 힉스입자라고도 부른다.

영국 에든버러 대학교 교수였던 피터 웨어 힉스는 1964년 힉스입자를 처음 이론적으로 제시하기도 하였다. 이런 힉스입자의 발견은 어쩌면 오랫동안 수수께끼로 남아있던 질량의 기원을 설명해 줄 수 있는 표준모형의 마지막 퍼즐 조각 인지도 모른다.

표준모형이란 "우주는 무엇으로 만들어졌을까?"라는 인류 태고의 질문에 대한 모범답안을 제시할 수 있는 이론이다. 현대의 모든 과학자가 이 물질의 존재에 대해 관심을 갖는 이유는 우주 설계의 모든 비밀이 이 물질에 담겨 있지 않을까 하는 기대감 때문이다. 만일 힉스입자가 확증된다면 왜 세상이 이렇게 복잡한 구조로 이루어졌는지 근본적으로 이해할 수 있게 될 것이기 때문이다. "신이 숨겨놓은 입자" 라고도 불리는 힉스입자는 전자와 물질 등 기본입자들과 상호작용을 통해 질량을 부여하는 역할을 하므로 그 존재만 확인할 수 있어도 질량이 있는 모든 입자의 생성원리를 규명할 수 있게도 된다.

현재 유럽의 과학자들은 이 같은 힉스입자의 존재를 증명해 내기 위한 연구를 활발하게 진행하고 있다. 유럽입자물리연구소(CERN)는 2008년 9월 양전자를 충돌시켜보기 위해 지름이 9km, 원둘레를 약 27km로 하는 대형 강입자충돌기(LHC)를 지하 100-180M 정도의 깊이에 설치한 뒤 CMS와

ATLAS, LHC-b라는 3개의 대형검출기를 통해 양전자 충돌 시 나오는 입자에서 힉스입자가 존재하는지 확인하고 있다. 2012년 7월 유럽입자물리연구소(CERN)는 대형강입자충돌기(LHC)에서 발견된 새로운 입자가 힉스입자일 가능성을 계속 분석 중이라고 발표한 바 있고 2013년 3월에는 1초도 훨씬 안 되는 시간 동안 존재 했다가 사라진 이 입자가 힉스입자일 가능성이 매우 커졌다고 추가로 발표하기도 하였다. 우리 인간들이 과연 하나님의 우주 창조 비밀을 풀어낼 수 있을까?

피터웨어힉스(Peter Ware Higgs)와 LHC 내부 모습

우주 대폭발로 만들어진 고열의 에너지와 그리고 거대한 빛의 향연과도 같은 엄청난 섬광이 순간 번쩍한 후 3분 동안 우주의 모든 설계가 끝났다고 한다. 이후 40만 년 동안 암흑의 태허(太虛)에는 웅장하게 울려 퍼져나가는 음악(?) 즉 파장만 존재하고 있었는데 이 같은 파장을 양자파라고 하

무엇이 우리를 아프게 하는가

며 지금도 우주에는 이런 양자파가 에너지 형태로 존재하고 있다고 한다.

나는 평소 세계적인 악성 베토벤이 천지창조의 시작인 빅뱅의 웅장한 광경을 그의 심포니 5번 운명 교향곡에 묘사하고 있는 것 아닌가 하는 생각을 해보기도 하였다. 무한히 광활한 태허(太虛)에서 발생한 우주 대폭발과 그리고 그 이후 암흑 속에서 수십만 년 동안 고요히 퍼져 나가고 있는 음악(?)을 상상하면서 베토벤의 운명 교향곡을 다시 한번 감상해 본다면 태초(太初)에 있었던 우주창조의 신비를 지금의 우리 역시도 조금이나마 느껴볼 수 있지 않을까?

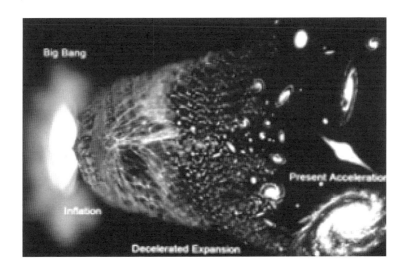

성경에는 "태초에 말씀이 있었다"라고 기술되어있다. 신약성경은 그리스어로 처음 기록되었는데 그리스어로 '말씀'은 로고스(Logos)이다. 로고스의 뜻은 '원리'인데 다시 말해 '존재 원리'를 의미한다고도 할 수 있다. 그러니까 요한복

음서의 첫 구절은 "태초에 존재원리가 있었다"로 해석할 수가 있는 것이다.

우주에는 아주 섬세한 질서가 있다. 결국 그러한 존재원리 즉 그와 같은 섬세한 질서의 근원이 무엇이냐 하는 것이다. 만물의 창조주로서 신의 존재는 '증명'의 문제가 아니라 '체험'의 문제일 거라고 나는 생각한다. 따라서 우리가 어떻게 신을 만날 것인가의 문제인 것이며 결국 우리가 신을 만나면 모든 것이 증명될 수 있는 것 아니겠는가!

나는 개인적으로 빅뱅 이론에 많은 기대감을 갖고 있다. 138억 년 전의 일을 우리 인간의 능력으로 명확히 증명해 낸다는 것이 현실적으로 가능할 것인지는 잘 모르겠다. 그러나 하나님께서 우주를 창조하셨다는 사실에는 추호도 의심의 여지가 없다. 현대 과학자들은 이 같은 사실을 전제로 하여 창조의 근본원리를 찾아내려고 하는 것 아닐까? 인간의 존재에 대해서도 창조냐 아니면 찰스 다윈의 주장대로 진화의 산물이냐 하는 논쟁이 아직도 결론에 이르지 못하고 있다. 구약성경 창세기에 나오는 말이다.

> 여호와 하나님이 흙으로 사람을 지으시고 생기(生氣)를 그 코
> 에 불어 넣으시니 사람이 생령(生靈)이 된 지라. （창 2:7)

"다윗 탄생 200주년 '종의 기원' 150돌 물리학자 신부의 열린 대화"라는 대담을 중앙일보(2009. 2. 5)에서 개최한 적이 있는데 차동엽 교수는 물리학계의 거두인 장회익 서울대 명예교수와의 대담에서 "신이 인간을 빚었나?"라는 질문에 소상하게 답한 바 있다.

무엇이 우리를 행복케 하는가

"하나님이 실제 진흙으로 인간을 빚었다"는 이해방식은 3차원적 사고에 갇힌 거다. 그런 생각은 신앙적으로 더 큰 잘못이다. 초월적 존재의 하나님을 인간의 3차원적 사고 안에 가두고 있기 때문이다. 하나님은 그걸 떠나계신 분이다. "신이 인간을 흙으로 빚었다"는 건 단지 은유적 표현이다. 오랜 세월에 걸친 진화의 과정을 "흙으로 빚었다"는 말로 축약했다고 봐도 된다. 창조론과 진화론은 대립적 관계가 아니다. 지구의 환경, 우주의 환경은 끊임없이 변한다. 신이 창조한 생명체도 변화하는 환경에서 생존하려면 끝없이 진화해야 한다. 그런 진화를 인정한다. 그러나 진화론은 창조론이라는 더 큰 울타리 안에 포함된 개념일 뿐이다.

우리 몸을 컴퓨터의 하드웨어에 비유한다면 하나님께서 우리의 코에 불어 넣으신 생기(生氣)는 소프트웨어라고 할 수도 있을 것이다. 프로그램이 입력되지 않은 컴퓨터가 단지 고철에 지나지 않듯이 우리 인간에게 영혼이 없다면 우리 몸은 단순한 고깃덩이에 불과한 것 아니겠는가! 컴퓨터의 프로그램도 계속해서 업데이트를 해줘야만 제 기능을 발휘할 수 있는 것처럼 우리 영혼도 끊임없이 업그레이드되어야 한다. 이 같은 일련의 작용을 일컬어 진화의 과정으로 해석할 수도 있을 것이다.

진화론의 대부 격인 찰스 다윈이 〈종의 기원〉을 발표할 때 오늘날과 같은 첨단 현미경이 있었다면 과연 〈종의 기원〉을 발표할 수 있었을까? 마이클 베히가 쓴 〈다윈의 블랙박스〉라는 책을 읽어보면 진화론이 현대과학을 무시한 허구라는 것을 조금은 이해할 수 있을 것이다.

중앙일보 조우석 기자는 이 책에 대해 다음과 같이 평하고 있다.

<다윈의 블랙박스> 46쪽 대목에 보면 다윈 이론의 열렬한 추종자라는 헤겔이 세포를 어떻게 보았는지에 대한 정보가 나온다. "세포란 마치 젤리와 다름없는 단순한 탄소 덩어리 정도가 아닐까?" 이 책의 저자는 진화론의 바로 이런 허술한 지점을 맹 공략한다. 공략 무기는 20세기 후반에 집중적으로 이루어진 생화학 분야의 최신 지식들. 이 책에서 저자는 현재 유전공학의 성과가 밝혀낸 "다윈이 미처 몰랐던 블랙박스"를 결정적으로 열어 보이며 진화론은 근거 없다고 못 박는다. 매우 논쟁적인 테마인 "진화론 대 창조론"이라고 하는 오래된 그래서 얼핏 진부해 보이는 논쟁에서 이 책은 뜻밖에도 창조론의 손을 번쩍 들어주고 있다. 문제는 이 책의 내용이 종교적 신념에 따른 논쟁이 아니라 이 시대의 핵심 자연과학의 성과를 등에 업은 생물학적 논쟁이라는 점인데 결과적으로 진화론을 부정하게 되는 역설이 흥미롭다. 관심이 가는 것은 이 책에서 '창조론'이라는 기독교 냄새가 물씬 나는 말은 단 한 군데도 없다. 대신 생화학의 전문용어인 '지적 설계'라는 말을 구사한다. 1991년 이후 등장한 최신 생화학 분야 용어인 이 용어 자체가 <다윈의 블랙박스>의 핵심 개념이기도 하다. 다소 거칠게 정리하자면 세포를 포함한 미지 세계에서 이루어지는 생명현상은 환원 불가능한 복잡성을 특징으로 한다는 것. 따라서 이런 것은 진화론으로 설명할 수 없는 "블랙박스"이며 이런 시스템은 처음부터 정교한 지적 디자인 작업의 결과일 것이라는 얘기다. 물론 "지적 설계"의 주체가 누구인가 하는 언급을 저자가 피하고 있는 것은 당연하다.

과학과 종교와의 관계에서도 과학과 종교는 대립적인 관계가 아니다. 오히려 과학이 발달할수록 신의 존재나 신의 섭리가 과학을 통해 더 명쾌하게 증명될 수 있다고 생각한다. "아는 것이 힘이다."라고 말했던 영국의 철학자 프랜시스 베이컨도 "적은 과학(a little science)은 사람을 신으로부터 멀어지게 하지만 그러나 더 많은 과학(more science)은 인간을 다시 신에게 돌아가게 한다."라고 말하고 있다. 어쩌면 지금 과학자들이 찾아내려고 하는 힉스입자, 즉 신의 입자에 우주 탄생의 모든 비밀이 감춰져 있을지도 모른다.

　　현재 우리 인체에 대한 게놈 지도가 거의 완성되어 한 인간의 출생부터 죽음까지의 모든 과정에 대한 정보 파악이 가능해졌다고도 한다. 궁극적으로 나는 우주와 그리고 인간이 저절로 생겨났을 것이라고는 생각하지 않는다. 우주 탄생을 포함하여 그 이후부터 지금까지 인류 역사의 모든 과정의 비밀을 간직하고 있는 어떤 물질이 과연 존재할까? 만약 존재한다면 그것이 무엇일까? 또한, 인간은 이런 물질을 찾아내어 우주 탄생을 비롯한 인류 역사가 품고 있는 모든 비밀을 과연 규명해 낼 수 있을까?

　　영국의 유명한 과학자 프레드 호일 박사는 원래 진화론자였다. 그는 하나님의 창조 없이 생명이 저절로 생길 확률을 계산해서 그 확률이 현실성이 있다면 진화가 옳은 것이라고 생각하여 생명이 저절로 생길 확률을 계산해 보았다고 한다. 가장 간단한 세포 하나가 저절로 생길 확률은 10의 167,000승분의 1이라는 지극히 작은 확률이 나왔다. 확률학자 보렐의 논문에 의하면 "10의 50승분의 1보다 작은 숫자는 실제로는 0이다"라고 밝히면서 다음과 같은 말로 진화론의 허구성을 질타하기도 하였다.

생명이 우연히 생겨날 확률은 수많은 부속품이 쌓여 있는 고물상에 회오리바람이 불어와서 모든 부품을 하늘로 올려보낸 후 이 부품이 땅바닥에 떨어지면서 단 한 번 만에 우연히 보잉747 점보 여객기가 조립될 확률보다 더 작다. 즉 생명은 결코 저절로 생길 수 없으며 그런데도 지구상에는 생명으로 꽉 차 있다는 사실 자체가 바로 초자연적인 존재이신 창조주 하나님이 존재하고 계시다는 사실을 증명하는 것이다.

God 's particle !

이 우주 어디엔가 에는 분명 하나님의 창조 비밀이 감추어져 있을 것이다. 그 비밀이 과연 힉스가 발견한 신의 입자에 존재하고 있을지는 아직 아무도 모른다. 예수님의 제자 사도 바울은 AD55년경 제3차 전도 여행 중 에 베소교회에 머물렀을 당시 고린도교회의 분쟁과 신학적 질문에 대한 교훈을 주기 위해 보낸 편지에서 다음과 같이 말씀하셨다.

기록 된 바 하나님이 자기를 사랑하는 자들을 위하여 예비하신 모든 것, 눈으로 보지 못하고 귀로 듣지 못하고 사람의 마음으로 생각하지도 못하였다 함과 같으니라. 오직 하나님이 성령으로 이것을 우리에게 보이셨으니 성령은 모든 것 곧 하나님의 깊은 것까지도 통달하시느니라. 사람의 일은 사람의 속에 있는 영외에 누가 알리요. 이와 같이 하나님의 일도 하나님의 영외에는 아무도 알지 못하느니라. 우리가 세상의 영을 받지 아니하고 오직 하나님으로부터 온 영을 받았으니 이는 우리로 하여금 하나님께서 우리에게 은혜로 주신 것들을 알게 하려 하심이라.   (고전 2:9~12)

하나님께서 우주 만물을 창조하시고 또 지금도 살아 계셔서 우리의 구체적인 삶 속에 역사하고 계시는 신비한 일들을 피조물에 불과한 우리 인간들이 어찌 다 이해할 수 있겠는가! 현재 유럽의 과학자들이 '신의 입자'를 발견했다고는 하나 그 속에 감추어진 우주 창조의 비밀은 영원히 찾아낼 수 없을 것으로 나는 생각한다. 결국 유한한 존재로서 우리 인간의 한계가 아니겠는가! 어린아이가 아빠, 엄마를 무조건 믿고 따르듯이 우리 인간도 창조주이신 하나님을 무조건 믿고 따를 때 우리의 삶은 하나님의 은혜로 보다 더 풍성한 복을 누릴 수 있을 것으로 나는 확신한다.

4차원의 세계

현대물리학에서는 우주가 11차원으로 구성되어 있다고 한다. 그러나 우리 인간은 3차원의 세계에 살고 있기 때문에 사실 4차원 이상의 세계는 인간의 능력으로 상상하기조차 어려울 것이다. 차원의 개념을 구체적으로 정리해 보자. 1차원은 '선(線)'을 의미하고 2차원은 '면(面)'을 의미하며 3차원은 한계를 정할 수 없는 "공간(空間)"을 의미한다고 할 수 있다. 그러나 엄밀히 따져보면 현실적으로 이와 같은 '선'과 '면'은 독립적으로 존재할 수는 없다. 결국, 1차원은 2차원에 또한 2차원은 3차원에 포함되어 있는 개념으로 이해하여야 한다. 달리 표현해 본다면 1차원은 2차원의 그리고 2차원은 3차원의 영향을 받을 수밖에 없다는 의미일 것이다.

이 같은 논리로 유추해 볼 때 우리 인간이 사는 3차원의 세계는 4차원의 세계에 포함되어 있으며 아울러 3차원의 세계는 4차원을 구성하고 있는 요소들에 의해 영향을 받을 수밖에 없다.

우리는 흔히 4차원의 세계를 영적 세계라고 정의한다. 지구상에 존재하

무엇이 우리를 아프게 하는가

는 생물 중 유일하게 인간만이 영혼을 갖고 있기 때문에 인간만이 4차원의 세계와 교감할 수 있다. 원래 그리스 철학은 유신론이 아니라 자연철학에서 출발하였다고 한다. 그들은 지구상의 모든 생물에는 세 가지의 혼이 있다고 믿었다. 생혼(生魂)과 각혼(覺魂) 그리고 영혼(靈魂)이다. 모든 생물의 중심에는 생혼이 있으며 따라서 식물에도 생혼은 있다는 것인데 식물의 수명이 다하면 이런 생혼은 식물과 같이 죽는 것이라고 생각했다. 다음은 각혼이다. 보고 듣고 느끼고 감각하는 동물에게는 생혼과 각혼이 있다는 것이다. 그리고 인간에게는 생혼과 각혼에다 영혼까지 있다고 생각했다. 물질계를 초월하는 생명현상 그것이 바로 영혼인 것인데 이 같은 영혼이 제대로 작동할 때 비로소 우리는 본래의 인간에 더 가까워질 수 있는 것 아니겠는가!

4차원을 구성하고 있는 요소 중 3차원의 세계에 살고 있는 우리 인간의 구체적인 삶에 직접적으로 영향을 주고 있는 것으로 '생각', '꿈', '믿음', '말', 이 네 가지를 제시하고 있는 분이 순복음교회의 조용기 목사님이시다. 이들 네 가지 요소 들은 우리의 영적 세계와 수시로 교감하면서 실질적으로 우리의 현실적인 삶을 지배하게 된다. 그러나 3차원의 세계에 존재하고 있는 생물 중에서도 영혼이 없는 하루살이에게 내일이라는 개념을 설명할 수 없고 또한 한여름 동안만 생존할 수 있는 매미에게 눈 덮인 설경을 이해시킬 수 없는 것처럼 유한한 존재인 우리 인간도 무한의 개념 앞에서는 겸손해질 수밖에 없다. 결국, 인간도 시간과 공간의 한계를 극복할 수 없어서 유한한 존재인 인간이 무한 앞에 섰을 때 부딪히는 실존적 고독을 우리 역시도 느낄 수밖에 없는 것이다.

그러면 시간이란 과연 어디서부터 시작된 것일까? 꽤 철학적인 질문 같다는 생각도 든다. 시간은 결국 어떤 움직임과 더불어 발생한 개념이 아닌가 싶다. 태초(太初, beginning)라는 단어는 "시간이 시작된 맨 처음"이라는 의미를 담고 있기 때문에 따라서 지금의 시간개념은 우주 대폭발(Big Bang)과 동시에 생겨난 개념이 아닐까? 만약 우주에 어떤 움직임이 전혀 없었다면 시간이란 개념 자체가 존재하지 않았을지도 모른다. 아무튼 이런 시간과 공간이라는 울타리 내에 존재하는 인간이 시공의 개념을 초월한 4차원의 세계를 어찌 쉽게 이해할 수 있겠는가!

그러면 4차원의 세계를 구성하고 있는 영적 요소 중의 하나인 '생각'은 우리의 삶에 어떻게 영향을 주고 있는 것일까? 우리 삶의 모든 것은 사실상 생각에서부터 시작된다고 할 수 있다. 따라서 생각은 모든 것의 뿌리이며 또한 모든 것의 원인이 되기도 한다.

그 때문에 지금 현재 우리의 모습은 그동안 누적되어온 우리 자신의 생각의 열매라고 보아도 무방할 것이다. 사실 생각이 무서운 까닭은 생각을 따라 우리의 삶이 달라지기 때문이다. 한 번만 생각하는 것이 아니라 같은 것을 반복해서 생각하고 또 계속적으로 우리의 생각에 암시를 주면 그 생각이 잠재 의식화 되어 우리의 삶을 지배하고 다스리게 되는 것이다.

아프리카의 어느 부족은 전통적으로 바나나를 먹지 않았다고 한다. 바나나를 먹으면 조상 대대로부터 죽는다고 생각해왔기 때문이다. 그런데 어

무엇이 우리를 아프게 하는가

느 날 부족 중 한 사람이 바나나인 줄을 모르고 이것을 먹었는데 얼마 후 친구로부터 자신이 먹은 것이 바나나였다는 사실을 전해 듣고는 바로 그 자리에서 숨을 거두었다고 한다. 생각이 우리의 모든 것을 지배하고 있다는 좋은 예가 아닐 수 없다.

이와 유사한 또 한 가지 예가 있다. 철도회사에 다니고 있는 '닉'이라는 사람이 객차나 화차를 연결 분리하며 조절하는 곳인 조차장에서 근무하고 있었는데 어느 여름날 저녁 동료직원의 생일을 축하하기 위해 퇴근 시간을 1시간 앞당겼다. 시간이 되어 모든 직원이 파티 준비를 위해 집으로 갔지만 닉은 수리를 위해 조차장으로 들어온 냉동열차 안에 사고로 갇히게 된다. 이 냉동 열차는 비어 있었고 다른 열차에 연결되어 있지도 않았다. 그러나 자신이 냉동 열차 안에 갇혔다고 깨달은 순간 닉은 공포에 사로잡혔다. 자신이 갇혀있는 냉동 열차의 온도는 섭씨 영하 30도보다 더 낮은 것이 분명하다고 생각했을 것이기 때문이다. 그는 바닥에 주저앉아 추위 아니면 질식으로 죽음이 찾아오기만을 넋 놓고 기다릴 수밖에 없지 않았겠는가! 그러나 그는 자신이 처한 긴박한 상황을 기록해야겠다고 생각하고 이를 글로 적어 놓았다고 한다.

너무 춥다. 몸이 마비된다. 빨리 나가지 않으면 아마도 이것이 나의 마지막 글이 될 것이다.

그의 말처럼 그 글은 닉의 마지막 자취가 되었다. 다음 날 아침에 출근한 직원들이 냉동 열차의 문을 열었을 때 닉은 구석에서 쪼그린 채 죽어 있었다. 부검 결과 동사(凍死)였다. 그런데 경찰조사에 따르면 닉이 갇혀있던 냉동 열차는 전원이 켜있지 않았다는 것이다. 사실 냉동열차는 꽤 오랫동안 고장이 나 있었고 닉이 죽을 때 역시 기능이 정지된 상태였다. 닉은 냉동 열차가 가동하고 있다고 믿은 나머지 추위를 느끼고 몸이 얼어붙었으며 이젠 꼼짝 없이 죽었다고 생각하는 순간 현실의 몸도 서서히 죽어가기 시작했던 것이다.

양자물리학자들은 우주가 양자(quantum)들로 가득 차 있다는 사실을 발견했다. 이 양자들은 일종의 파장이나 파동으로 존재하고 있으며 언제든지 물질로 전환될 준비를 하고 있는데 놀랍게도 인간의 생각 에너지에 반응한다는 것을 밝혀냈다.

현대 양자물리학에서 주장하고 있는 양자론의 입장에서 보면 인간은 누구나 소우주이며 소립자(quark)들로 이루어져 있다고 한다. 실제 동서양을 막론하고 고대로부터 "인간은 소우주다"라는 말이 꾸준히 전해져 내려온다. 인간 의식이 영향을 미칠 수 있는 우주를 물리적인 우주가 아니라 우리 자신의 몸에 한정된 우주로 개념 지으면 "생각하는 대로 현실이 된다"고 주장하는 양자론의 입장도 현실적으로 이해가 가능할 것도 같다.

나는 생각을 일종의 에너지로 이해하고 있다. 우리가 무엇인가를 골몰히 생각할 때 그 생각 자체 내에는 무엇인가를 변화시킬 힘(Energy)이 내포되어 있기 때문에 우리의 생각이 현실에서 그대로 이루어질 수 있는 것 아니겠는가! 일상의 사소한 생각들이 우리의 삶을 얼마나 무섭게 옥죄고 있는

무엇이 우리를 아프게 하는가

것인가를 다시 한번 심각하게 고민할 수밖에 없는 대목이다.

　생각 다음으로 중요한 것은 우리의 꿈(dream)일 것이다. 꿈이란 결국 우리 삶의 강한 목표 또는 삶의 궁극적인 목적을 의미한다고도 할 수 있다. 많은 사람은 꿈을 어떤 바램 즉 단순한 희망(hope)과 혼동하고 있다. 바램은 단순한 희망을 의미하는 것으로 흔히 "뭐가 되고 싶다"라는 말로 쉽게 표현할 수 있지만 꿈은 "반드시 뭐가 되고야 말겠다"라는 강한 의지가 포함된 개념으로 이해하여야 한다.

　단순한 희망은 이루어지지 않지만 꿈은 반드시 이루어질 수밖에 없다. 왜냐하면 강한 의지가 내포된 꿈은 반드시 강한 에너지를 포함하고 있기 때문이다. 따라서 우리는 우리 자신의 꿈이 무엇인지 정확하게 깨닫는 것이 매우 중요하다. 그리고 우리가 꿈을 가졌다 할지라도 꿈은 마치 근육과도 같아서 평소에 규칙적으로 관리를 해주지 않으면 탄력을 잃고 추락할 수가 있다. 강력한 의지와 절실함을 가지고 끊임없이 노력하여야만 하는 이유가 여기에 있는 것이다.

　또한, 꿈은 헛된 망상이 아니라 오직 피와 땀과 눈물로써 이루어 내야만 하는 우리 삶의 궁극적인 목표이기도 하다. 꿈이 없는 사람은 철로(rail-way)가 없는 곳에 세워져 있는 기관차와도 같기 때문에 아무리 훌륭한 성품과 능력을 갖춘 사람이라 할지라도 꿈이 없으면 아무것도 이루어 낼 수가 없다.

　성경에 나오는 인물 중 요셉은 꿈꾸는 사람이었다. 꿈을 가졌을 뿐만 아니라 그 꿈을 성취했던 인물이기도 하다. 또한, 요셉의 꿈은 하나님의 꿈이었으며 하나님의 뜻을 성취하는 꿈이었다. 우리가 아무리 훌륭한 꿈을 갖고 있다 할지라도 하나님의 은혜 없이 우리 자신의 강한 의지만으로는 결코 이를 이루어 낼 수 없다. 결국, 요셉을 성공한 인물로 만들 수 있었던 것도 요셉의 꿈에 하나님의 은혜가 함께 임했기 때문일 것이다.

　믿음 또한 중요하다. 우리가 품고 있는 꿈이 꼭 실현될 수 있을 거라는 강한 믿음이 있을 때 우리는 성공한 삶을 살 수 있게 되지 않을까? 그러나 믿음을 실천에 옮긴다는 것이 그리 간단치만은 아닌 것 같다. 예수님께서도 믿음을 특히 강조하곤 하셨는데 결국 믿음만 있으면 천국에도 갈 수 있는 것 아니겠는가! 이 같은 믿음은 우리 스스로의 힘만으로 해결할 수 있는 것은 아니라고 생각한다. 우리의 마음에 성령이 임할 때만이 우리가 진정한 의미의 믿음을 갖게 될 것이고 또한 이를 지켜낼 수 있는 것이다. 그러면 우리는 지금 무엇을 어떻게 믿어야 한다는 것인가! 사도 바울 선생의 말씀을 들어보자.

　　　믿음은 바라는 것들의 실상이요 보이지 않는 것들의 증거니 선진들이 이로써 증거를 얻었느니라. 믿음으로 모든 세계가 하나님의 말씀으로 지어진 줄을 우리가 아나니 보이는 것은 나타난 것으로 말미암아 된 것이 아니니라. 믿음이 없이는 하나님을 기쁘시게 못 하나니 하나님께 나아가는 자는 반드시 그가 계

무엇이 우리를 아프게 하는가

신 것과 또한 그가 자기를 찾는 자들에게 상 주시는 이심을 믿
어야 할지니라.   (히브리서 11 : 1-3, 6)

결국, 우리의 믿음은 여기서부터 출발하여야 하는 것 아닐까? 예수님의
동생 되시는 야고보는 믿음과 행위의 조화를 우리에게 훈계하시면서 그리
스도인들의 행위를 통한 믿음의 실천을 강조하기도 하셨다.

오직 믿음으로 구하고 조금도 의심하지 말라. 의심하는 자는
마치 바람에 밀려 요동하는 바다 물결 같으니 이런 사람은 무
엇이든지 주께 얻기를 생각하지 말라.   (야고보서 1 : 6-7)

사실 꿈과 믿음의 관계는 서로 분리해서 생각할 수 없을 정도로 매우 밀
접한 관계에 있다고 보아야 한다. "믿음은 바라는 것들의 실상이요 보이
지 않는 것들의 증거니"라고 할 때 여기서 "바라는 것들의 실상"은 우리의
꿈을 의미한다고도 할 수 있다. 앞서 언급했듯이 "바라는 것들"의 의미가
"뭐가 되고 싶다"라는 단순한 희망(hope)을 말하고 있는 것이 아니라 강
한 의지가 내포된 "반드시 뭐가 되고야 말겠다"라는 꿈(dream)을 지칭하
고 있다.

그러면 이러한 꿈을 이루기 위해서는 어떻게 해야 된다는 것인가! 성경
에서는 오직 믿음만이 이 같은 꿈을 이룰 수 있게 하는 유일한 방법이라고
단언하고 있다. 믿음은 명사형으로 쓰여 있지만, 사실은 동사의 개념으로

이해하여야 한다. 따라서 믿음에는 하나님 말씀에 순종하는 적극적인 행위가 반드시 수반되어야 한다. "보이지 않는 것들의 증거니"라는 말씀도 순종에 바탕을 둔 강력한 믿음을 의미하는 것이며 어쩌면 이 같은 믿음은 오래 참고 기다려야만 하는 강한 인내까지도 요구하고 있는 것인지도 모른다.

결국, 믿음이라는 구체적인 행위는 자신의 꿈이 이루어진 실제상황을 우리가 마음속으로 강력하게 상상(想像)하는 일종의 형상화 또는 시각화 작용이라고 볼 수 있다. 이 같은 상상(想像) 행위를 적극적으로 반복해서 실행할 때 우리의 꿈이 현실 세계에서 반드시 실현될 수 있다는 것 아니겠는가!

예수님께서도 말씀하시기를 우리에게 믿음이 겨자씨 한 알 만큼만 있어도 이 산을 명하여 여기서 저기로 옮겨지라 하면 옮겨질 수 있다고 하셨다. 실질적으로는 우리가 겨자씨 한 알만한 크기의 믿음도 갖기가 어렵다는 것 아니겠는가!

> 내가 진실로 너희에게 이르노니 누구든지 이 산더러 들리어 바다에 던져지라 하며 그 말하는 것이 이루어질 줄 믿고 마음에 의심하지 아니하면 그대로 되리라. 그러므로 내가 너희에게 말하노니 무엇이든지 기도하고 구하는 것은 받은 줄로 믿으라 그리하면 너희에게 그대로 되리라.　　　　　(마가 11:23-24)

결국, 우리가 보편적으로 가진 믿음은 의식의 세계 내에서만 한정되어 이루어지는 행위일 뿐이고 사실은 무의식의 세계에까지는 접근 자체가 안

무엇이 우리를 아프게 하는가

되고 있다. 우리가 무한한 상상력을 동원하여 적극적으로 그리고 꾸준히 자신이 원하는 것 모두가 이미 이루어졌다고 확신하고 이 같은 상상 속으로 자신을 몰입시킨다면 우리의 믿음이 무의식의 세계에까지 영향을 미칠 수 있을 것이다. 그 때문에 이런 믿음이라면 그 크기가 겨자씨 한 알 만큼만 된다고 하여도 우리는 우리의 꿈을 현실적으로 반드시 이루어 낼 수 있지 않겠는가! 나 자신도 이 같은 논리에 백 퍼센트 동의한다. 하나님을 향한 변함없는 믿음! 과연 멀기만 한 것일까?

우리는 간절한 기도로써 하나님과 끊임없는 교제를 통해 우리 자신의 삶을 보다 더 풍요롭게 가꾸어 나가야 한다. 결국, 믿음이란 우리가 원하는 것이 현실 세계에 그대로 실현될 때까지 참고 기다려야 한다는 것을 의미하기도 한다. 하나님의 약속 말씀을 믿고 끝까지 인내하며 기다릴 수 있는 신앙! 이런 확신 있는 신앙이야말로 하나님께서 원하시는 바로 그 믿음일 것이다.

생각, 꿈, 믿음뿐만 아니라 우리의 현실적인 삶에 많은 영향을 주고 있는 것으로 우리가 일상에서 사용하는 언어가 있다. 하나님께서 말씀으로 천지를 창조하셨다고 성경에도 기록되어 있지만, 우리의 삶 역시도 우리 자신의 말에 의해 영향을 받는 것이 사실이다.

결국, 우리가 반복해서 사용하는 언어 역시도 우리의 생각과 마찬가지로 일종의 에너지이기 때문에 우리 삶에 많은 영향을 미칠 수밖에 없다. 따라서 현재 우리가 사는 환경은 우리가 그동안 반복해서 사용해온 언어에 의해서 만들어진 결과물이라고 해도 과언은 아니다. 꿈을 이루기 위해서는 언어의 습관이 중요한 까닭도 이 때문이다. 그러므로 언어를 꿈의 문을 여는 데 매우 중요한 열쇠라고 보아도 무방하다.

〈행운을 부르는 인간형〉의 저자 사토 도미오는 "인간의 두뇌는 자신이 말한 언어를 자신의 의식 속에 집어넣어 자신의 인생에 반영시키는 시스템으로 이루어져 있다."라고 주장한다. 따라서 우리가 원하는 꿈을 실현하기 위해서는 긍정적인 언어를 좀 더 의식적으로 선택해서 사용하는 습관을 길러야 한다.

많은 심리학자의 연구에 의하면 우리 감정의 95%는 그 순간 마음을 스쳐 가는 말 한마디에 의해 좌우된다고 한다. 긍정의 언어를 심으면 긍정의 결과가 나오지만, 부정의 언어를 심으면 부정적인 상황이 전개될 수도 있다. 꿈을 이루기 위해서라면 우리가 최대한 많은 긍정적인 언어를 사용하여야 하는 것은 당연하지 않겠는가! "말이 씨가 된다."라는 우리 속담도 있지만, 구약성경 잠언에도 다음과 같은 말씀이 있다.

죽고 사는 것이 혀의 권세에 달렸나니 혀를 쓰기 좋아하는 자는 그 열매를 먹으리라. (잠언 18 : 21)

결국 우리는 우리 자신이 사용하는 언어를 스스로 잘 다스릴 줄 알아야 한다. 먼저 말로서 덕을 쌓아 갈 때 우리의 삶이 보다 더 풍요로워질 수 있

무엇이 우리를 아프게 하는가

을 것이다. 왜냐하면 하나님께서는 우리의 믿음을 보고 역사하시지만, 우리가 평소 사용하는 말을 통해서도 더 강력하게 역사하시기 때문이다.

그러면 3차원의 세계에 사는 우리 인간들이 어떤 방법으로 4차원의 영적 세계와 교감할 수 있을까? 현대를 사는 우리는 대부분 자신의 집에 TV 수신기를 갖고 있다. TV 방송국에서 방송을 하면 우리는 TV 수신기를 통해 자신이 원하는 방송에 채널을 맞춰 방송을 시청할 수 있다. 우리의 뇌도 TV 수신기와 같은 역할을 하고 있다고 해도 과언은 아니다.

4차원의 영적 세계와 교감하기 위해서는 우리의 생각을 성령의 채널에 맞추고 성령으로부터 오는 은혜의 말씀을 우리가 마음으로 느낄 수 있어야 한다. 사실 TV 방송은 우리의 눈과 귀를 통해서 직접 보고 들을 수 있지만, 성령의 말씀은 마음으로 느끼고 또 마음으로 들을 수 있어야만 한다. 그러나 우리의 생각을 사탄(Satan, 마귀)의 채널에 맞추게 되면 우리의 마음에 불안, 근심, 걱정, 원망, 불평, 시기, 질투, 낙심, 절망, 의심, 두려움 등이 싹트게 된다. 우리의 생각을 어떤 채널에 맞추느냐 하는 것은 오로지 우리 자신의 자유의지에 달려있다. 현재 TV 방송시스템이 일 방향의 아날로그 방식이라면 우리가 4차원의 영적 세계와 교감하는 방식은 쌍방향의 디지털 방식이라고도 할 수 있다.

결국, 우리는 기도라는 교신 방식을 통해 성령님과 쌍방향의 입체적인 교제를 할 수 있는 것이다.

우리는 눈과 귀를 통해서만 직접 보고 또 직접 들을 수밖에 없는 3차원적 세계 내의 제한된 문제들에만 너무 집착하며 살지 않아야 한다. 우리의 궁극적인 관심사를 4차원의 영적 세계로 돌려 영원한 안식의 나라인 천국(天國)에 소망을 둔다면 우리의 삶은 보다 더 풍요로워질 수 있지 않을까?

신약성경 마태복음의 산상수훈에서 언급된 '천국'은 3차원적 세계 내에 존재하는 어떤 특정한 공간을 의미하는 것이 아니라 하나님의 주권적 통치가 미치는 모든 영역을 일컫는 개념으로 이해하여야 한다. 마태복음이 당시 하나님의 거룩한 성호를 함부로 쓰기를 주저했던 유대인들을 대상으로 쓰여 졌던 관계로 '하나님의 나라(Kingdom of God)' 대신 '하늘나라'라는 용어가 쓰인 것으로 생각된다. 따라서 '하늘나라'라는 표현을 통해 온 우주를 지배하시는 하나님의 통치를 포괄적으로 표현하려고 한 것 아니겠는가!

이 같은 연유로 '하늘나라'의 개념을 영어 성경에서는 'Heaven'으로, 중국어 성경에서는 '天國'으로 번역하게 되었고 우리는 이를 그대로 직역하여 '하늘나라'로 받아들이게 된 것일 거다. 우리가 천국을 '영혼의 영원한 안식처'라는 개념으로 이해하여 왔다면 현대를 살아가고 있는 우리가 아마도 물질적인 가치보다는 오히려 정신적인 가치를 더욱 더 소중하게 생각하게 되었을지도 모른다.

우리의 영혼이 하나님의 영(靈)이신 성령의 다스림을 온전히 받아 마음에서 기쁨과 평안을 누리고 있다면 우리는 이미 하나님의 나라(天國)를 경험하고 있다고 고백해도 과언은 아닐 것이다. 그 때문에 어쩌면 우리는 현실적인 삶 속에서 이미 천국과 지옥을 마음으로 체험하고 있는 지도 모른

무엇이 우리를 아프게 하는가

다. 당장 눈에 보이는 것에만 관심을 갖고 핸드폰에서 눈을 떼지 못하며 살아가고 있는 21세기의 현대인들이 다시 한번 깊이 고민해 보아야 할 과제인 것 같다.

영적전쟁

영(靈, spirit) 이란 과연 무엇인가? 구약성경 창세기에 영(靈)이라는 말이 처음 등장한다.

> 여호와 하나님이 흙으로 사람을 지으시고 생기를 그 코에 불어
> 넣으시니 사람이 생령(生靈)이 된지라.　　　　　　　　(창 2:7)

생령(生靈, living being)이란 살아있는 존재 즉 우리 인간을 일컫는 말일 것이다. 그러면 우리는 하나님을 뭐라고 불러야 할까? 우리는 성령(聖靈, the spirit of God)을 하나님의 영(靈)이라고 해석한다. 결국, 영은 영혼을 의미한다고도 할 수 있을 것이다. 우리 인간에게는 육신이 있지만 하나님께서는 영으로만 존재하고 계신다. 태초 이전부터 영으로만 존재하시는 분은 오직 하나님 한 분이셨을 것이다.

그러나 많은 천사를 다스리며 하나님을 찬양하고 경배하기 위해 창조된 천사장 루시퍼(ruciper)는 자신의 높은 지위에 현혹되어 그의 마음에 오만

　　　　　　　　　　　　무엇이 우리를 아프게 하는가

이 싹트기 시작했고 결국 교만에 빠지고 만다. 하나님의 피조물인 그는 감히 하나님과 같은 지위에 오르려고 반역을 일으켰다가 하나님의 심판을 받고 쫓겨나 마귀 즉 사탄(Satan)이 되었고, 그를 추종하던 일부 타락한 천사들도 사탄이 되어 하나님과 대적하게 된다.

결국, 이런 사탄을 우리는 악령(惡靈) 또는 마귀라고 부르는 것이고 이때부터 영의 세계는 성령과 사탄이 존재하게 되었으며 이로 인해 우리 인간의 마음에도 영적인 전쟁이 시작된 것이 아닌가 생각한다.

하나님께서는 아담과 이브를 창조하여 에덴동산에 머물게 하였는데 이때 사탄은 이브에게 다가와 "하나님께서 금하신 선악과를 먹으면 너도 눈이 밝아져 하나님처럼 될 수 있다"라고 속여 하나님을 거역하게 만들었다. 그 결과 우리 인간은 사탄의 주권 하에 놓이게 되어 늘 죄와 투쟁하게 되었고 우리의 삶은 언제나 선과 악의 치열한 갈등 속에서 항상 죄와 싸우는 영적 전쟁을 치를 수 밖에 없는 것이다.

그러면 영적 전쟁이란 어떤 상태를 의미하는 것일까? 결국, 영적 전쟁이란 우리 마음속에 일어나는 성령과 악령의 대립 관계 또는 갈등 관계라고도 말할 수 있다. 우리 마음의 내면에 불안, 초조, 근심, 걱정, 염려 등이 찾아올 때 우리에게는 이미 영적 전쟁이 시작되었다고 생각해도 된다.

성령은 우리가 사랑과 감사, 그리고 기쁨 같은 감정을 느낄 수 있게 해주지만 반면에 사탄은 우리의 마음에 불안, 초조, 근심, 걱정, 원망, 불평, 의심, 시기, 질투, 낙심, 절망, 두려움 등이 싹트게 유도한다.

결국, 우리가 살아있는 동안에는 이 같은 두 종류의 감정이 우리 마음속에서 끊임없이 전투를 벌일 수밖에 없다.

그렇다면 이 같은 영적 전쟁의 궁극적인 목적은 무엇일까? 하나님께서는 우리 인간을 창조하실 때 우리에게 자유의지를 주셨다. 그 때문에 우리는 성령을 선택할 것인가 아니면 사탄을 선택할 것인가를 우리 스스로 결정하여야만 한다. 성령은 우리를 영원한 행복이 보장되어 있는 천국으로 인도하시려는 것이고 사탄은 우리를 영원한 고통의 세계인 지옥으로 떨어뜨리려 한다.

결국, 사탄은 우리에게 온갖 고통을 주어 절망에 이르게 하고 결국에는 우리 스스로 삶을 포기하도록 만들려는 것이다. 이처럼 사탄의 인간에 대한 궁극적인 관심은 우리를 낙심케 하여 우리의 영을 지옥으로 끌고 가려는 것 아니겠는가! 우리 인간은 본래 하나님께 속한 백성이었을 것이다.

그러나 우리의 심령을 성령 충만케 하고 있지 않으면 우리는 사탄의 공격을 받아 우리 자신의 의지와는 상관없이 지옥으로 끌려갈 수도 있는 것이다.

미국의 한 심장 전문 의사가 사후세계에 대한 조사 결과를 발표한 적이 있다. 사후세계를 믿지 않았던 그 의사는 심장병 환자 중에 소생술의 덕분으로 죽었다 깨어난 이백여 명의 환자를 조사했다고 한다.

이들 환자가 증언하는 체험담은 개별적으로 약간씩 차이가 있긴 하나 그 내용은 한결같이 극단적인 두 가지를 증언하고 있었다. 우선 죽었다 깨어난 모든 환자가 증언하는 것은 사망 직후 좁고 긴 통로를 따라 무엇에 이끌린 듯 빠져나갔다는 것이다. 그다음엔 두 개의 그룹으로 경험이 나뉘는데 첫 번째 그룹은 꽃향기가 그윽하고 끝없이 펼쳐진 초원 같은 아름다운 곳에 도착했다는 증언과 다른 한 그룹은 아주 컴컴하고 무시무시한 느낌이 드는 곳에 도착했다는 증언이다. 그런데 두 번째 그룹의 사람들은 의식이 돌아오자마자 한결같이 두려운 표정을 지으며 "내가 어떻게 하면 구원받을 수 있습니까?"라며 의사를 붙잡고 하소연한다는 특징이 있었다는 것이다. 여기서 말하는 구원이란 사탄과 마귀가 지배하는 흑암의 세계에 놓여 있는 우리가 하나님께서 다스리는 성령의 세계로 옮겨지는 것을 의미하는 것은 아닐까?

〈죽음의 문을 넘어 / Beyond Death's Door〉의 저자 모리스 롤링스 박사(Dr. Mauris Rawlings)는 심장혈관 질환의 전문가인데 임상학적으로 죽은 것이라고 판명됐던 많은 환자를 살려낸 경험이 있는 의사이다. 본래 롤링스 박사는 철저한 무신론자였다. 그는 모든 종교가 속임수에 불과하고 죽음은 단지 고통 없는 소멸일 뿐이라고 생각하고 있었던 사람이었다. 그런데 1977년 그의 삶을 극적으로 변화시킨 사건이 있었다. 롤링스 박사는 공포에 질린 채 비명을 지르는 환자를 소생시키고 있었다. 당시 그 환자는 지옥의 불꽃 속으로 떨어지고 있는 것처럼 보였다고 한다. 롤링스 박사의 체험담을 인용해 본다.

심장 박동과 호흡을 회복할 때마다 환자는 "난 지옥에 있어"라고 비명을 질러댔다. 그는 공포에 떨면서 내게 도와 달라고 간청했으며 그의 얼굴은 무엇인가에 놀라 무척 무서워하는 표정이었다. 죽을 때 보여 지는 끔찍한 표정보다도 더 참혹하고 기괴하게 보일 정도로 얼굴을 찡그리며 극도의 공포심을 나타내 보이기도 하였다. 환자는 식은땀을 흘리며 떨고 있었는데 그가 갑자기 입을 열었다. "지금 난 지옥에 있어요, 날 지옥으로 보내지 말아 주세요." 그는 아주 다급해 보였으며 그제 서야 나는 그가 곤경에 처해 있음을 깨달았다. 그는 공포로 인해 제정신을 잃은 상태였고 이제까지 내가 전혀 보지 못했던 모습이었다. 이 환자가 비명을 지르는 모습과 표정을 직접 본 사람이라면 어느 누구도 지옥이 존재하고 있다는 것에 대해 조금도 의심하지는 않을 것이다.

신약성경에도 예수님께서 귀신들린 사람의 병을 고쳐주시는 장면이 여러 번 나온다.

또 예수께서 건너편 가다라 지방에 가시매 귀신들린 자 둘이 무덤 사이에서 나와 예수를 만나니 그들은 몹시 사나워 아무도 그 길로 지나갈 수 없을 지경이더라. 이에 그들이 소리 질러 이르되 하나님의 아들이여 우리가 당신과 무슨 상관이 있나이까 때가 이르기 전에 우리를 괴롭게 하려고 여기 오셨나이까 하더니 마침 멀리서 많은 돼지 떼가 먹고 있는지라. 귀신들이 예수께 간구하여 이르되 만일 우리를 쫓아내시려면 돼지 떼에 들여보내 주소서 하니 그들에게 가라 하시니 귀신들이 나와서 돼지에게로 들어가는지라. 온 떼가 비탈로 내리 달아 바다에 들어가서 물에서 몰사하거늘. (마태 8:28~32)

이 같은 성경 말씀에 근거하여 지금도 일부 종파에서는 돼지고기를 먹지 않고 있는 것으로 알고 있다. 결국, 사탄의 영은 우리의 심령에 침입하여 우리의 정신을 분열 시켜 정신병자로 전락시키기도 하고 아울러 우리에게 육신의 병을 야기 시키기도 한다. 동양에는 기즉신(氣卽神) 이라는 말이 있다. 기(氣)와 신(神)이 결국 같다는 것을 의미하는 것일 거다.

우리는 몸에 병이 났을 때 이를 흔히 병기운(病氣運)이 있다거나 병마(病魔)에 시달린다 등으로 표현하기도 하는데 어찌 보면 육신의 병을 일종의 기운작용이나 신병(神病)으로 이해하고 있는 것은 아닌지 모르겠다. 결국, 우리 몸의 어떤 병은 사악한 기운작용이나 사탄의 공격에 의해 발생한 것일 수도 있기 때문에 예수님께서도 우리의 강한 믿음으로 이 같은 병을 고칠 수 있다고 말씀하고 계신 것 아니겠는가!

사실 천주교와 불교에서는 귀신들린 사람의 문제를 해결할 수 있는 퇴마식(退魔式)이라는 시스템을 나름대로 갖추고 있는데 이런 의식을 집행하는 사람을 퇴마사(退魔師, exorcist)라고도 한다. 그러나 기독교에도 이 같은 공인된 의식이 존재하는지는 아직 잘 모르겠다. 이로 인해 기도원 같은 곳에서 정신병이나 기타 불치병을 성령의 힘으로 치료한다는 구실 하에 많은 사람이 도리어 고통을 받기도 하고 또 사회적으로 문제를 일으키는 예가 종종 발생하기도 한다.

우리가 흔히 서양 의학적 용어인 다중인격장애 또는 조현병이라고도 부르는 정신분열병을 일종의 육체적인 질병으로 간주하여 접근하는 것은 난센스(nonsens)가 아닌가 싶다. 정신병의 원인을 일종의 어떤 바이러스가 뇌세포에 침입하여 발생한 병처럼 생각하는 것은 서양적 사고방식이 아닐까?

우리는 하나님께서 주신 자유의지를 갖고 있지만 우리가 영적 전쟁에서 패한다면 우리의 심령이 사탄의 영에 의해 지배당할 수밖에는 없다.

결국, 우리 본래의 맑은 영이 내쫓기고 사탄의 영에 의해 지배되고 있는 상태를 현대의학의 고상한 언어로 다중인격장애라고 표현하는 것 같다는 생각마저 든다. 그러면 이처럼 영적 전쟁에 패하여 귀신들려 고통받는 사람들을 과연 구제할 수 있는 방법은 없을까? 신약성경 마태복음을 다시 보자.

그들이 무리에게 이르매 한 사람이 예수께 와서 꿇어 엎드려 이르되 주여 내 아들을 불쌍히 여기소서 그가 간질로 심히 고생하여 자주 불에도 넘어지며 물에도 넘어지는지라 내가 주의 제자들에게 데리고 왔으나 능히 고치지 못하더이다. 예수께서 대답하여 이르시되 믿음이 없고 패역한 세대여 내가 얼마나 너

무엇이 우리를 아프게 하는가

희와 함께 있으며 얼마나 너희에게 참으리요 그를 이리로 데려오라 하시니라. 이에 예수께서 꾸짖으시니 귀신이 나가고 아이가 그때부터 나으니라. 이때에 제자들이 조용히 예수께 나아와 이르되 우리는 어찌하여 쫓아내지 못하였나이까. 이르시되 너희 믿음이 작은 까닭이니라 진실로 너희에게 이르노니 만일 너희에게 믿음이 겨자씨 한 알만큼만 있어도 이산을 명하여 여기서 저리고 옮겨지라 하면 옮겨질 것이요 또 너희가 못 할 것이 없으리라.
(마태 17:14~20)

이처럼 예수님께서는 귀신들린 사람과 그리고 많은 환자의 병을 고쳐주셨는데 이때마다 예수님은 우리의 믿음이 우리의 병을 낫게 한 것이라고 말씀하곤 하셨다. 예수님께서 가버나움에 들어가셨을 때 한 백부장이 나아와 자신의 하인이 중풍병으로 집에 누워 괴로워하고 있음을 아뢰고 이를 고쳐주실 것을 간청하자 예수님께서는 집으로 가서 고쳐주겠다고 하셨다. 그러나 백부장은 "주여 내 집에 들어오심을 나는 감당하지 못하겠사오니 다만 말씀으로만 하옵소서. 그러면 내 하인이 낫겠사옵나이다."라고 대답했다. 이에 예수님께서는 "가라 네 믿음 대로 될지어다."하시니 그 즉시 하인의 병이 낫지 않았는가!

이 같은 예는 성경의 다른 여러 곳에서도 볼 수 있다. 성경 말씀에서 볼 수 있는 것처럼 예수님께서는 병을 치유 받을 수 있는 근원이 우리의 믿음에 있다고 말씀하고 계신 것이다. 믿음의 중요성을 다시 한번 깨닫게 해주는 말씀이 아니겠는가!

　사탄의 영은 호시탐탐 우리를 시험하여 우리의 마음에 낙심과 절망을 안겨주려 애를 쓴다. 그러면 우리가 이 같은 사탄의 영에 대적하여 영적 전쟁에서 승리하려면 어떻게 하여야 할까? 이 물음 역시도 성경 말씀에 답이 있다.

　　　　항상 기뻐하라. 쉬지 말고 기도하라. 범사에 감사하라. 이것
　　　　이 예수 그리스도 안에서 우리를 향하신 하나님의 뜻이니라.

　　　　　　　　　　　　　　　　　　　　　　　　　(살전 5:16~18)

　항상 기쁜 마음으로 쉬지 않고 기도하면 범사에 감사할 수밖에 없는 마음이 생길 것이다. 이처럼 사랑과 감사가 충만하게 충전된 우리의 심령에 어찌 사탄의 영이 공격할 틈이 있겠는가!

　항상 성령 충만해 계신 순복음교회의 조용기 목사님도 어느 땐 아무 연고 없이 마음이 우울하고 공연한 근심·걱정이 몰려오곤 했다고 하신다. 그럴 때마다 조용히 무릎을 꿇고 하나님께 간절히 기도드리면 금세 평온이 찾아와 마음 한편에서 새로운 기쁨이 솟아나는 것을 느낄 수 있으셨다고 하는데 하물며 영적으로 미숙한 우리는 어떠하겠는가! 평소 간절한 마음으로 꾸준히 드리는 기도 생활 없이는 결코 사탄의 공격을 감당해 낼 수는 없을 것이다. 하나님을 향한 굳건한 믿음! 그리고 기쁨과 감사의 마음으

　　　　　　　　　　　　　　무엇이 우리를 아프게 하는가

로 드리는 간절한 기도야말로 우리를 영적으로 건강하게 해줄 수 있을 것으로 나는 확신한다.

과학문명의 절정기를 누리고 있긴 하지만 그러나 영적으로는 혼돈의 시대를 살아갈 수 밖에 없는 우리 모두가 영적 전쟁에서 승리자가 될 수 있기를 간절한 마음으로 소망해 본다.

영원을 향한 고독

인간에게는 영적으로 크게 두 가지의 본능이 있다고 한다. 첫째는 영원을 사모하는 본능이다. 인간은 누구나 행복하게 영원히 살고 싶은 본능이 있다. 이와 같은 영생의 본능은 우리가 하나님의 형상으로 창조된 영적 존재이기 때문일 것이다.

둘째는 신을 찾는 본능이다. 인간은 위험한 상황을 만날 때 자신도 모르게 신을 찾는다. 또한 종교와 무관하게 환자가 수술 전에 신에게 기도하기도 하며 심지어는 무신론자들까지도 어려움에 직면하면 본능적으로 하나님을 찾거나 또는 원망하기도 한다. 그래서 "전쟁터의 참호 속에서는 무신론자가 없다."라는 말도 있는 것 아니겠는가! 흔히 우리는 자신이 고독하다는 말을 자주 하기도 한다.

그러면 과연 고독이라는 것은 어떤 상태를 의미하는 것일까? 지금은 은퇴하셨지만 전 연세대학교 철학과 김형석 교수님의 저서 〈고독이라는 병〉은 내가 청소년 시절에 읽은 책이지만 지금도 기억이 생생하게 남아 있다. 나는 고독에 대해 이 책보다 더 명쾌하게 설명한 글을 아직 접해 본 적이 없어 이를 소개해 보려고 한다.

무엇이 우리를 아프게 하는가

고독에는 세 종류가 있다고 한다. 첫째는 자연적인 고독이다. 이것은 인간이 홀로 있을 때 느껴지는 고독으로 이를 외로움이라고 표현하기도 한다. 이 같은 고독은 친구를 만나든지 하여 자신이 홀로 있는 상태에서 벗어나면 언제든 해결될 수 있는 그런 고독이다.

둘째는 인간적인 고독인데 이를 다른 말로 표현하면 군중 속의 고독이라고나 할까? 군중 속의 고독은 자연적인 고독과는 달리 오히려 많은 사람과 같이 어울려 있을수록 도리어 더 깊은 고독감에 빠져들게 되는 것을 의미한다. 이 같은 고독은 예술에 접함으로써 해결될 수도 있고 또는 혼자서 조용히 음악이나 영화를 감상한다든지 혹은 독서나 사색 그리고 여행을 통해서 이런 고독에서 벗어날 수 있다.

셋째는 실존적인 고독이다. 우리 인간은 모두 유한한 존재이다. 따라서 무한을 동경하기도 하는데 이처럼 유한한 존재로서의 인간이 무한과 마주쳤을 때 느껴지는 외로움! 이런 상태의 고독을 우리는 실존적 고독이라고 말할 수 있는 것이다. 책에서 김 교수님은 신의 특별한 사랑을 받는 사람만이 이 같은 실존적인 고독에서 벗어날 수 있을 거라고 말씀하고 계신다. 나는 이런 의견에 전적으로 동의한다.

인간은 본능적으로 영원에 대해 사모하는 마음을 갖고 있다. 이런 갈망이 깊어지면 이것이 일종의 염원이 되기도 하고 더 나아가 이것이 하나의 형식으로 발전될 때 종교가 되기도 하는 것이다. 우리 인간은 영원을 찾다가 자꾸 벽에 부딪히기도 한다. 그러나 부딪히면 부딪힐수록 무한에 대한 동경은 더욱 커지게 되며 결국 우리가 동경하던 무한성에 "신(神)"이란 이름을 붙이면 이것이 종교가 되기도 하는 것 아닌가 하는 생각도 든다. 그 무한성을 하나의 인격체로 여긴 사람들이 그것을 숭배하게 되고 또 그로부터 도움받기를 청하는 것인데 결국 자신의 힘만으로는 그 벽을 넘어설 수 없기 때문에 인간은 종교라는 터널을 통해 영원을 갈망하게 되는 것 아닐까?

그러면 우리는 왜 이 같은 실존적인 고독을 느낄 수밖에 없는 것인가?

하나님은 우리를 고독이라는 벼랑 끝으로 몰아가기도 하신다. 성경에 등장하는 인물 중 야곱만큼 깊은 고독을 경험한 사람도 아마 드물 것이다. 하나님은 야곱을 변화시키기 위해 그를 고독이라는 벼랑 끝에 세웠고 야곱은 이 같은 고독을 통해 변화될 수 있었다. 결국, 고독은 우리를 변화시키는 은총의 손길이며 또한 용광로와도 같은 것이기 때문이다.

외로움과 고독은 비슷해 보이지만 사실은 서로 다른 개념으로 이해해야 한다. 외로움은 그냥 홀로 있는 것이고 또한 괴로운 것이다. 외로움은 아주 고통스럽기도 하며 인간을 병들게 하고 황폐하게도 만든다. 외로움이 하나님 없이 홀로 있는 것이라면 고독은 하나님 앞에 홀로 서는 것이라고도 할 수 있을 것이다.

우리는 고독할 때 하나님 앞에 나아가게 되기 때문에 영적 생활은 외로움에서 고독으로 넘어가는 과정을 의미한다고도 할 수 있다. 고독할 때 우

무엇이 우리를 아프게 하는가

리는 하나님과 대면할 뿐만 아니라 자신과도 대면하게 되며 그리하여 자신의 진면모를 발견하기도 한다. 이때 진정으로 변해야 할 대상이 무엇인지도 깨닫게 되는 것이다.

고독은 또한 우리를 깨뜨리시는 하나님의 손길이기도 하다. 우리가 깨어지는 것이 축복이며 또한 깨어질 때 깨달아지고 깨어질 때 그 속에 감추어진 보물이 쏟아져 나온다. 반석이 깨어질 때 생수가 터져 나오고 밀알이 깨어질 때 생명의 싹이 나올 수 있는 것처럼 하나님께서는 축복을 부어 주시기 전에 먼저 우리를 비우게 하시는 것이다.

오물로 가득 찬 그릇에는 귀한 것을 담을 수 없기 때문에 먼저 그릇을 비우게 하는 것이고 이런 다음 그 빈 그릇에 가장 소중한 것을 담아 주시려는 것이다. 그리고 하나님께서는 고독을 통해 우리를 축복해 주기도 하시는데 때문에 고독은 하나님의 변장 된 축복이라고도 말할 수 있는 것이다. 야곱이 축복을 받은 것도, 또한 벼랑 끝에서 비상할 수 있었던 것 역시도 이같은 고독 때문이지 않았겠는가!

모든 것을 다 내려놓은 채 얍복강 나루에 홀로 서 있을 수밖에 없었던 야곱처럼 우리를 홀로 있게 만드는 문제는 과연 무엇일까? 어쩌면 지금 우리도 밤잠을 못 이루고 잠에서 깨어 일어날 수밖에 없는 어떤 고통의 터널을 통과하고 있는지도 모른다. 그렇다면 고독할 것이며 너무 힘들고 외롭고 답답할 수밖에 없을 것이다. 그러나 낙심하면 안 된다. 고독을 고통스러워하지 말고 한편으론 고마워해야 한다. 고독한 밤에 친히 찾아오시는 하나님! 그리고 고독을 통해 우리를 변화시키시는 하나님을 우리는 신뢰하여야 한다. 왜냐하면 이런 고독을 통해서 우리는 하나님의 축복 가치를 깨달을 수 있기 때문이다.

나는 어려서부터 혼자 있기를 좋아했던 편이다. 학교 다닐 때도 쉬는 날이면 집에서 엄마의 뒤만 졸졸 따라다니곤 하였다. 엄마가 동네 시장에라도 가실 양이면 꼭 따라가서 과자라도 한 개 얻어먹곤 하였다. 당시 청주의 우리 집은 구들장이 있어 나무로 불을 지펴 온돌을 덥히는 방식이었는데 저녁밥을 지을 때가 되면 나는 으레 부엌으로 가서 장작불 때는 것을 즐겨 돕곤 하였다. 그리고 늘 엄마 곁에서 음식 만드는 것을 지켜본 탓인지 지금도 음식 솜씨가 꽤 괜찮은 편이다.

중학교 시절, 지금은 대한항공에서 조종사로 있는 두형이라는 친구와 진공관 라디오를 만들기도 하였는데 당시의 납땜 냄새는 지금까지도 콧가를 맴돌고 있다. 나는 이때부터 음악 듣기를 무척 좋아했다. 당시에는 상품화된 오디오가 없었던 시절 인지라 청주에서 가장 큰 전파사였던 '전자당' 이라는 전파사에 의뢰하여 조립한 전축을 구입하기도 하였는데 엄마를 한 달 이상 졸라서 목적을 이루어 낸 것이기도 하다. 아마 이때로부터 10년은 지나서야 우리나라에 처음으로 '별표전축'이라는 오디오가 등장한 것으로 기억한다.

서울에 이사 온 후 나는 오디오 마니아가 되었다. 지금은 용산의 전자랜드로 모두 옮겨 갔지만, 당시 청계천의 세운상가는 나의 앞마당 놀이터와도 같았던 곳이었다. 틈만 나면 들러 그간 모아둔 용돈으로 새로운 기종의 외제 중고오디오를 교환하기도 하였는데 나는 주로 진공관 앰프를 좋아했다.

진공관 앰프와 티알(TR, 트랜지스터) 앰프의 소리는 확연히 다르다. 진공관 앰프의 소리를 화장하지 않은 얼굴의 순수한 자연미인으로 비유할 수 있다면 티알 앰프의 소리는 화장을 하여 예쁘게 보이는 다소 인위적으로 꾸며낸 미인이라고나 할까? 따라서 티알 앰프의 소리는 조금은 가공하여 아름답게 만들어 낸 소리라고도 할 수 있을 것이다. 나는 풍성한 저음으로 순박하게 울려 나는 진공관 앰프의 소리를 무척 좋아한다.

음악을 좋아하는 사람들이 오디오에 깊이 빠지게 되는 이유 중 하나는 음질의 다양성에 있다고 본다. 프리앰프, 파워앰프, 턴테이블, CDP, 스피커, 케이블 등을 어떤 제품들로 구성하여 음의 조화를 이뤄내느냐에 따라 그 소리는 천차만별이 되기 때문이다. 그러나 어느 정도의 수준 이상이 되면 그때는 음의 좋고 나쁨이 아니라 자신의 기호에 맞는 소리를 찾게 되는데 고출력의 진공관 앰프에서 뿜어져 나오는 콘트라베이스 소리는 가슴속에 맺힌 한까지도 풀어낼 수 있게 해준다. 그리고 베이스 기타에서 울려나오는 그 풍성한 저음의 향연에 나는 가끔 깊이 매료되기도 하였다.

어쩌면 와인도 이 같은 다양성의 매력 때문에 마니아가 있는 것 아닐까? 와인을 몇 년도 어느 지역에서 어떤 품종으로 누가 만들었느냐에 따라 그 맛이 다양해질 수밖에는 없을 것이기 때문이다. 포도 재배 당시의 기후 즉 바람, 강우량, 기온, 습도, 일조량과 재배지 토양의 성질, 거름의 양과 종류, 그리고 포도 품종 등 와인 한 병의 맛에 담겨있는 자연의 신비감이 무궁무진하기 때문에 그 맛에 묘미가 있는 것일 거다. 어떤 상황에서도 결코 똑같은 맛의 와인을 만들어 낼 수 없다는 한계가 우리를 와인의 매력에 흠뻑 취하게 하는지도 모르겠다.

어쨌든 나는 음악 감상에 관심이 많아서 오디오에서 만들어 내는 신비한 소리에 눈뜨게 되었고 결국 오디오 마니아가 되었다. 대학에 다닐 때는 종로 1가에 있는 '르네상스'라는 클래식 전문 음악 감상실을 주로 다녔고, 이곳이 폐업한 이후에는 명동의 '필하모니' 음악 감상실을 자주 이용하였다.

베토벤의 운명 교향곡과 합창 교향곡 그리고 드보르자크의 신세계 교향곡은 이곳을 찾을 때면 으레 신청해서 듣곤 했던 곡이다. 어느 땐 가끔 마음이 그냥 한없이 가라앉기도 한다. 이럴 때 혼자서 조용히 베토벤의 교향곡이나 바이올린 협주곡 그리고 피아노협주곡 같은 곡을 듣다 보면 금세 마음은 새로운 감동으로 두근거려 온다. 독재자 히틀러가 베토벤 음악을 특히 좋아했던 이유도 아마 이런 까닭이 아니었을까?

지금은 서울 천지에 예전과 같은 클래식 전문 음악 감상실 한 곳이 없다. 세상 사는 것이 그만큼 각박해진 때문일 것이다. 우리 사회의 정신문화가 그만큼 천박해졌다는 것을 보여주고 있는 증표인지도 모른다. 음악 감상실 구석진 곳에 조용히 홀로 앉아 진공관 앰프를 통해 맑고 풍성하게 울려 나는 베토벤의 합창 교향곡을 들을 때마다 내 마음 한편 깊은 데서 그윽하게 솟아나곤 했던 삶에 대한 진한 감동을 어찌 글로 다 표현할 수 있겠는가! 또한, 이런 감동과 함께 전해지는 심연의 고독은 또 어떻게 설명할 수 있겠는가!

무엇이 우리를 아프게 하는가

　나는 대학을 늦게 다시 다니게 된 탓에 모교인 청주 세광고의 10년 이상이나 되는 후배들과 늘 같이 어울리곤 하였다. 후배들 각자의 하숙집 아주머니께서 싸주신 점심 도시락을 학교 앞 골목 허름한 분식점에서 라면 국물에 말아 같이 나눠 먹곤 하던 때가 엊그제 같은데 벌써 30년을 훌쩍 넘어서고 있다.

　그러나 지금은 모두 훌륭한 판사, 검사, 고위 공직자, 아니면 변호사나 의사 그리고 대기업의 임원이 되어 황금 같은 50대 전성기를 누리고 있다. 이런 친형제와도 같은 후배들을 마주할 때마다 먼저 부끄러운 마음이 앞서지만, 한편으론 자랑스러운 마음 역시도 감출 수가 없다.

　학창 시절 나는 대학 캠퍼스 벤치에 홀로 앉아 늘 사색을 즐기곤 하였다. 인촌동상이 있었던 본관 앞 벤치는 언제나 나를 기다리고 있는 듯 한가한 편이었다. 당시 학생회관 건너편에 있던 음악 감상실을 강의가 없을 때면 혼자서 자주 찾기도 하였다.

　어느 늦은 가을날 오후, 교내 학생 음악 감상실 안의 웅장한 스피커를
통해 모처럼 팝송이 흘러나오고 있었다. 'Aphrodite's child'의 멤버 'De-
mis Rousso'의 가냘프게 떨리는 듯한 목소리로 울려내는 'spring summer
winter and fall'의 감미로운 선율은 고향 뒷산 오솔길의 낙엽 밟는 발소
리와 오버랩 되어 그간 잊고 있던 소중한 추억들을 모두 되살아나게 한다.

　커다란 홀에 덩그러니 홀로 앉아 음악을 감상할 때면 왠지 모를 그리움
으로 인해 어느새 눈가엔 이슬이 맺힌다. 그리움은 곧 사랑이라고 하지 않
았던가! 누군가와 함께한다면 더 깊은 행복감을 맛볼 수도 있지 않을까 하
는 기대도 해볼 법한데, 그래도 혼자인 상태가 더 아름답게 느껴졌던 것은
무슨 까닭이었을까? 어쩌면 둘이서라는 개념이 당시의 내게는 마음의 사
치였을지도 모른다. 그러나 혼자서 조용히 우주의 먼 끝을 마음속으로 그
려보며 상상조차 할 수 없는 무한의 시간과 공간 앞에서 느꼈던 영원을 향
한 고독감이 그때는 그리 싫지는 않았던 것으로 기억한다.

무엇이 우리를 아프게 하는가

나는 야곱이 얍복강 나루에서 느꼈던 고독이나 요셉이 감옥에서 느꼈던 고독보다도 오히려 애굽에서 이스라엘 백성을 이끌고 나와 광야의 한가운데에서 모세가 느꼈을 고독이 훨씬 더 심각했을 것이라고 생각한다. 자신만을 위한 삶이 아닌데도 불구하고 백성들로부터 원망의 소리를 들어가면서 뒤에는 애굽군대 앞에는 홍해를 마주한 진퇴양난의 상황에서 아무리 하나님의 뜻이라고는 하나 당시에 모세가 느꼈을 그 깊은 고독을 과연 어느 누가 이해 할 수 있겠는가!

많은 사람을 위하여 그들 앞에 설 수 밖에 없었던 사람들은 절대 고독해지지 않을 수 없을 거라고 나는 생각한다. 누군가를 위하여 이들 앞에 홀로 서본 경험이 없이는 절대 이해할 수 없는 시대적 리더만이 느낄 수 있었던 심연의 고독! 어쩌면 이런 고독 역시도 유한한 존재가 무한과 마주쳤을 때 느낄 수밖에 없는 실존적 고독만큼이나 가치 있는 것일지도 모른다.

그동안 우리 사회에도 일제 강점기를 거쳐 오늘에 이르기까지 국가와 민족을 위해 헌신했던 애국지사들이 얼마나 많이 있었는가! 그러나 이들의 깊은 고독을 진정으로 이해하고 있는 사람들은 과연 몇이나 될까? 자신은 물론 가족의 희생을 감수하면서까지도 선택할 수밖에 없었던 자신만의 우아한 삶의 가치! 귀족적 품격이 절로 느껴진다. 평범한 이들은 감히 엄두도 낼 수 없는 이런 고독의 늪에 평생 깊이 빠져 무수한 오해와 편견에서 벗어나지 못한 채 생을 마감할 수밖에 없었던 이 땅의 지도자들은 또 얼마나 많았는가!

결국, 지금 우리가 사는 평화로운 세상은 평범한 이들은 늘 회피하고 싶어 하는 이 같은 심연의 고독을 추호의 망설임도 없이 과감하게 선택한 앙트레프레너(entrepreneur)들의 진정한 용기가 있었기에 가능했을 것이다. 우리는 살아가면서 어떤 종류이건 고독을 느낄 수 밖에 없고 또 그 고독으로부터 순간 벗어나기도 한다. 이처럼 반복되는 인고의 과정을 통해 우리는 신께 더 가까이 다가갈 수 있는 것 아닐까?

　유한한 존재가 영원과 부딪쳤을 때 느끼게 되는 실존적 고독은 하나님의 특별한 사랑을 받는 사람 만이 이로부터 벗어날 수 있을 거라는 김형석 교수님의 말씀이 오늘따라 내 귀에 더 쟁쟁하게 울려오는 듯하다.

크리스천 부자

I am a Christian!

나는 이 말을 무척 좋아한다. 그러나 나 자신이 진정한 크리스천이라고 당당하게 선포할 수 있을까? 솔직히 말해 아직은 자신이 없다. 아니 어쩌면 앞으로도 그렇게 될 수 있을 거라는 확신도 분명하지 않다. 예수님으로부터 인정받을 수 있는 진정한 크리스천! 정말 두렵고 가슴 떨리는 말이 아닐 수 없다.

우리는 흔히 삶의 가치의 기준을 하나님 중심과 세상 중심으로 이분화시켜 논하기도 한다. 우리가 특별히 관심을 갖고 있는 부자(富者)에 대한 개념도 하나님 나라 안에서의 부자와 세상 속에서의 부자가 개념적으로 서로 다르다는 것을 우리는 부인할 수 없을 것이다. 세상 중심의 부자는 결국 돈을 많이 소유하고 있는 사람 즉, 현금, 주식, 부동산 등을 많이 갖고 있는 사람을 말하는 것이다. 그러나 하나님 중심으로 사는 사람들에게는 부자에 대한 기준을 달리하고 있는 것 또한 사실이다.

부자에 대한 개념을 명확하게 구분하여 정립하고 있지 못했던 시기에 나는 이 문제들로 많은 갈등을 겪기도 했다. 교회가 마치 세상 적으로 실패한 사람들이 모여 자기 합리화 내지는 자기 위안을 받기 위한 장소는 아닌

건지? 또한, 낙타가 바늘귀로 들어가는 것이 부자가 하나님의 나라에 들어가는 것보다 쉬울 것이라는 성경의 말씀처럼 부자는 결코 천국에 갈 수 없다는 것인지?

나는 이런저런 혼란스러움에 나의 영적 영역이 한때 마비되기도 하였다. 이 같은 나의 신앙적 갈등은 오랫동안 내 의식을 지배해 왔고 이후 많은 고난을 겪고 나서야 비로소 벗어날 수 있었다. 부자라는 개념 하나만 놓고 보더라도 하나님 나라에서의 부자와 세상에서의 부자가 서로 다르다는 것을 깨닫는 데도 내게는 많은 시간이 필요했던 것으로 보인다.

그러면 하늘나라에서 인정하는 진정한 의미의 부자란 어떤 사람을 가리키고 있는 것일까? 부자가 단지 돈이 많은 사람만을 의미하고 있는 세상적 가치와는 다르게 성경에서는 복(福) 있는 자를 진정한 부자로 간주하고 있는 것처럼 느껴지기도 한다.

그러면 예수님께서 말씀하고 계신 복 있는 사람은 어떤 사람인지 살펴보자.

3. 심령이 가난한 자는 복이 있나니 천국이 그들의 것 임이요.

4. 애통하는 자는 복이 있나니 그들이 위로를 받을 것 임이요.

5. 온유한 자는 복이 있나니 그들이 땅을 기업으로 받을 것 임이요.

6. 의에 주리고 목마른 자는 복이 있나니 그들이 배부를 것 임이요.

무엇이 우리를 아프게 하는가

7. 긍휼히 여기는 자는 복이 있나니 그들이 긍휼히 여김을 받을 것 임이요.

8. 마음이 청결한 자는 복이 있나니 그들이 하나님을 볼 것 임이요.

9. 화평하게 하는 자는 복이 있나니 그들이 하나님의 아들이라 일컬음을 받을 것 임이요.

10. 의를 위하여 박해를 받은 자는 복이 있나니 천국이 그들의 것 임이라. (마태복음 5 : 3-10)

예수님께서는 우리에게 8가지 복에 대해 말씀해 주셨다. 내 나름대로 8가지의 복을 크게 3가지로 구분하여 해석해 보겠다.

첫째는 천국에 갈 수 있는 복과 둘째는 마음의 평안을 누릴 수 있는 복 그리고 셋째는 세상에서 부자로 인정하고 있는 물질적인 풍요를 누릴 수 있는 복으로 구분해 볼 수 있을 것 같다. 예수님께서 말씀하시고 있는 8가지 복중에서 먼저 천국에 갈 수 있는 복을 받을 수 있는 사람을 심령이 가난한 자, 마음이 청결한 자, 화평케 하는 자 그리고 의를 위하여 박해를 받는 자라고 한다면 마음의 평안을 누릴 수 있는 복을 받을 수 있는 사람은 애통하는 자, 의에 주리고 목마른 자, 그리고 긍휼히 여기는 자라고 말할 수 있을 것이다. 마지막으로 재물의 복을 받을 수 있는 사람은 온유한 자라고 말씀하고 계신다.

인간 문명이 산업화되기 이전에는 부(富)의 근원이 땅에 있었을 것이다.

모든 부가 땅에서부터 시작되었을 것이며 따라서 땅이 최고의 가치를 보유하고 있는 재산이었을 것이다.

성경에서 보여주듯 땅을 기업으로 받는다는 것은 결국 재물의 풍요를 의미하는 것 아니겠는가! 예수님 말씀대로라면 온유한 사람이라야 세상에서 말하는 부자가 될 수 있다는 뜻으로 해석할 수도 있을 것이다. 그렇다고 예수님께서 말씀하고 계신 온유한 자의 개념이 그저 착한 사람을 의미하고 있는 것은 아닐 거라고 나는 생각한다.

그러면 현대사회의 기준으로 볼 때 온유한 자란 어떤 사람을 가리키는 것일까? 나도 아들이 어렸을 때 같이 놀아주며 권투경기 흉내를 내기도 하였는데, 이때 아들놈의 고사리 같은 손에 한 대 맞기라도 하면 나는 케이오(K.O.)를 당한 듯 갑자기 쓰러지는 시늉을 한다. 그러면 아들 녀석은 이런 나를 보고 어쩔 줄 몰라 하며 좋아하곤 하였다. 자신이 아빠를 이겼다고 생각했기 때문일 것이다. 그러나 정말로 내가 아들놈한테 진 것일까? 내가 충분히 이길 수 있었으나 아들을 사랑하니까 아들을 즐겁게 해주기 위해 그냥 져준 것뿐이다.

우리가 세상을 살아가는 동안 무슨 일에서 건 우리가 이길 수 있는데도 불구하고 하나님 말씀에 순종하기 위해 누군가에게 져줄 수 있는 마음! 어쩌면 이런 마음을 갖고 있는 사람을 예수님께서는 온유한 자라고 말씀하고 계신 것은 아닐는지. 그러나 무슨 일이건 무조건 져주기만 하면 부자가 될 수 있다는 의미는 아닐 것이다. 단지 온유한 자라는 개념은 부자가 되기 위해서는 꼭 갖춰야 할 기본적인 덕목으로 이해하는 것이 옳다고 생각한다.

우리는 흔히 겸손이라는 말을 쉽게 사용하곤 하는데 진정한 의미의 겸손은 우리가 하나님 앞에 교만하지 않은 상태를 의미하는 것으로 생각한다. 우리 자신의 힘으로 모든 것을 할 수 있다는 마음이 아니라 하나님께서 허락하시는 범위 내에서만 우리가 무엇이라도 할 수 있을 것이라고 생각하는 마음! 이런 마음을 겸손이라고 표현하는데 인색할 이유가 없어 보인다.

우리가 하나님 나라 안에서의 진정한 크리스천 부자가 되기 위해서는 먼저 예수님께서 말씀하고 계신 여덟 가지 복 받을 자격 있는 사람이 되어야 할 것이다.

그러면 우리가 하나님께로부터 재물의 복을 받기 위해서는 현실적으로 어떻게 하여야 되는 것일까? 나는 우리가 부자가 되기 위해서 해야 할 일을 크게 두 가지로 구분해서 생각해 보았다. 첫째는 영적 조건을 갖추는 일이고 둘째는 하나님께서 정해 놓으신 재정에 관한 원칙을 잘 지키는 것이다.

> 한 사람이 두 주인을 섬기지 못할 것이니 혹 이를 미워하여 저를 사랑하거나 혹 이를 중히 여기고 저를 경히 여김이라. 너희가 하나님과 재물을 겸하여 섬기지 못하느니라.
>
> (마태 6 : 24)

약 2,000년 전 예수님께서 특별하게 하신 이 말씀은 수 세기 동안 크리스천 사이에서 죄책과 논란과 다툼의 원인이 되어왔다.

〈그리스도인의 재정원칙〉의 저자인 크래그 힐과 얼 피츠는 이 문제에 대해 자신들의 견해를 진솔하게 밝히고 있다. 하나님과 재물을 겸하여 섬기지 못한다고 말씀하실 때에 우리가 재물로 이해하고 있는 맘몬(mammon)을 예수님께서는 당시 무슨 의미로 사용하셨을까? 도대체 맘몬이란 무엇인가? 그것은 마치 돈(money)의 또 다른 이름인 것처럼 사용되기도 하는데 어떤 영어 성경은 위 구절에서 맘몬이란 단어를 'money'로 해석하기도 한다. 이 같은 해석의 차이로 봐서 맘몬이라는 단어에 우리가 알지 못하는 또 다른 어떤 뜻이 있는 것은 아닐까?

이에 대해 그동안 신약성경을 읽어본 대부분의 크리스천이 한 번 이상은 의문을 가져 보았을 것이다. 먼저 중요한 것은 맘몬이 무엇이건 간에 예수님께서는 그것을 하나님과 정반대의 자리에 두고 계신다는 것이다. 진정으로 하나님을 섬기려면 맘몬을 철저히 끊고 그것과는 전혀 상관치 말아야 한다. 그러나 만일 맘몬이 돈과 동의어라면 크리스천들은 돈을 절대로 사용하지 않고 돈과는 전혀 관계없이 살아야 한다는 뜻이 되고 만다.

과거 몇 세기 동안 심지어는 현대의 어떤 사람들도 이렇게 믿으며 빈곤하게 살기로 맹세까지 하고 하나님만 섬기기 위해 돈과의 모든 접촉을 피하기도하였다. 그러나 빈곤하게 살기로 맹세하는 것이 가난으로부터 오는 두려움에서 벗어날 수 있게 해주지는 못한다.

나는 예수님께서 언급하신 맘몬이 돈이라는 의미로 사용하신 것은 아닐 거라고 생각한다. 예수님이 고대 아람어인 맘몬이라는 단어를 사용하실 때 그것은 돈의 신(神)으로 섬겨지던 하나의 영적 실체를 말씀하고 계

무엇이 우리를 아프게 하는가

신 것은 아닐까?

모든 문화와 종교에는 인간으로부터 섬김을 받는 신에 대한 이름이 있다. 힌두교에는 '디발리'라는 돈에 관한 신이 있고 불교에는 종이돈을 태워 섬기는 몇몇 신이 있기도 하다. 그러므로 맘몬은 이러한 영역들 가운데 돈을 사랑하며 섬기도록 우리 마음에 영향을 미치는 영적인 존재로 보아야 한다.

따라서 예수님께서 말씀하신 맘몬은 이런 신을 의미한다고 이해하는 것이 타당할 것이다.

그러면 맘몬이라고 불리는 이 사탄의 실체가 추구하는 목적은 과연 무엇일까? 사탄의 영인 맘몬은 우리의 마음이 하나님으로부터 떠나게 되기를 갈망한다. 예수님께서는 하나님과 맘몬 사이의 갈등을 분명하게 말씀하고 계시는데 한쪽을 사랑하면 다른 쪽을 미워하게 될 것이고 또 한쪽을 섬기면 다른 쪽은 섬길 수가 없다는 뜻일 것이다. 그 때문에 맘몬의 목적은 우리로 하여금 맘몬에게 충성하며 맘몬을 사랑하고 섬기게 하면서 결과적으로는 하나님을 미워하며 경멸하고 섬기지 못하게 하려는 것 아니겠는가!

맘몬이라는 영의 지배는 가난한 사람에게만 제한된 것은 아니며 맘몬은 큰돈을 모아놓은 부자들도 지배한다. 돈은 부자들에게 있어 삶의 목적이며 근원이기 때문에 자신의 돈을 보호하고 더 많이 축적하기 위해서 그들은 더 많은 노력을 하고 있다. 대부분의 경우 맘몬은 부자들에게는 자신들이 가진 것을 잃을 것에 대한 두려움으로 또한 가난한 사람에게는 쓸 것이 부족할 것에 대한 두려움으로 그들을 사로잡는다.

그러나 우리는 이 같은 맘몬과의 영적 전쟁에서 이겨내야만 한다. 우리가 오직 하나님 편에 서서 물질적 축복을 받을 수 있는 길을 선택할 때 우리는 진정한 의미의 크리스천 부자가 될 수 있을 것이다.

지금 21세기를 살아가고 있는 우리의 현실적인 삶 속에서 우리는 재정을 어떻게 관리하여야 할까?

신약성경에는 믿음에 대한 구절이 215개이며 구원에 관한 것은 218개인데 금전과 재정의 청지기 직과 책임에 대해 다루고 있는 것은 2,084개나 된다. 예수님의 38개 비유 말씀 중에서도 16개가 금전 문제를 다루고 있다. 그렇다면 예수님은 돈을 밝히는 분이셨을까? 물론 아닐 것이다. 예수님은 우리에게서 돈이 아니라 마음을 찾고 계신다. 예수님께서는 많은 사람이 단순히 돈을 보물로 생각하고 있다는 것을 알고 계시며 나는 이것이 오늘날에도 동일 할 것으로 생각한다.

결국, 우리가 돈을 어떻게 대하느냐 하는 것이 곧 우리 마음의 내적 상태를 나타내고 있는 것으로 볼 수 있기 때문이다.

이처럼 예수님께서는 우리의 진실한 마음을 원하고 계시긴 하지만 우리가 세상에서도 재물의 복을 풍성히 누리며 큰 부자로 살기를 바라고 계시는 것 또한 사실이다. 하나님께서는 단지 우리가 맘몬이라는 사탄의 영에 사로잡혀 하나님을 섬기지 않게 될까 봐 이를 경계하고 계시는 것일 거다. 재물에 대한 맹목적인 욕심은 오히려 화를 자초하기도 한다. 그 때문에 우리는 자신의 분수를 지켜 하나님께서 우리에게 주신 복의 한계 내에서 만족할 줄 아는 지혜를 갖춰야만 하는 것이다. 구약성경 잠언에 있는 글이다.

> 내가 두 가지 일을 주께 구하였사오니 나의 죽기 전에 주시옵소서. 곧 허탄과 거짓말을 내게서 멀리 하옵시며 나로 가난하게도 마옵시고 오직 필요한 양식으로 내게 먹이시옵소서. 혹 내가 배불러서 하나님을 모른다 여호와가 누구냐 할까 하오며 혹 내가 가난하여 도적질하고 내 하나님의 이름을 욕되게 할까 두려워함 이니이다.　　　　　　　　　　　(잠 30 : 7~9)

우리는 하나님이 우리의 재산을 증가 시켜 주신다고 믿으면서도 성경적인 재정원칙을 자주 범하기도 한다. 우리가 아무리 굉장한 믿음의 사람이라 할지라도 중력의 법칙을 무시하고 높은 건물이나 절벽 위에서 뛰어내리는 것은 지혜롭지 못한 일일 것이다. 우리가 기본적인 원칙을 자주 어기면서 '믿음'만 있다면 하나님이 우리의 재산을 증가시켜줄 것이라고 기대한다는 것은 잘못된 생각이다. 하나님은 진정 우리가 기본적인 삶의 원칙을 잘 지키며 하나님 말씀에 순종할 때 우리의 재정을 책임져 주시는 것이기 때문이다.

이 같은 기본적인 원칙은 중력의 법칙과 흡사하여 그것을 어기면 반드시 그에 대한 결과가 있게 되는데 이 원칙을 지키지 않았을 때 혼란과 스트레스 그리고 재정압박과 빈곤 등이 있게 되며 종종 재앙까지 초래될 수도 있다. 그러나 이러한 기본적인 원칙을 잘 지키며 순종할 때 믿음이 세워질 것이고 안정과 평안과 형통이 이루어지게 되는 것이다.

한편 사탄은 우리가 맘몬의 영향아래 있을 때 우리에게 엄청난 금액의 돈을 가질 수 있게도 해준다. 그러나 우리가 하나님의 말씀에 따라서 재물을 다루는 것에 대해 평소 훈련이 되어 있지 않으면 이 같은 풍요는 우리로 하여금 도리어 하나님 나라가 아니라 더 많은 재물에 욕심을 내게 하여 오히려 우리를 파멸케 할 수도 있는 것이다. 그 때문에 우리는 하나님 편에 굳게 서서 온전한 돈이 우리에게 들어올 수 있도록 맘몬의 영인 사탄에 대적하여 영적 전투를 벌여야만 한다.

그러면 성경에서 말씀하고 계시는 재정에 관한 원칙 중 우리가 가장 중요시하며 꼭 지켜야 할 원칙은 무엇일까?

나는 우리 크리스천들이 십일조만은 꼭 지켜야 한다고 생각한다. 출애굽 후 모세는 하나님의 백성들이 어떻게 하면 하나님을 올바로 섬기고 또 어떻게 하면 하나님의 백성으로 거룩한 삶을 살아갈 수 있는지를 안내해 주기 위해 규례를 제정하였는데 십일조에 대해서도 말씀하고 계신다.

땅의 십분 일 곧 땅의 곡식이나 나무의 과실이나 그 십분 일은 여호와의 것이니 여호와께 성물이라.　　　　　(레 27:30)

　　　　　무엇 우리를 아프게 하는가

우리에게 수입이 있을 때 우리가 가장 먼저 해야 할 일은 당연히 십일조를 드리는 것이다. 따라서 우리는 다른 것을 위해 돈을 쓰기 전에 하나님께 속한 것을 먼저 드리거나 돌려드려야 한다. 그러면 십일조는 무엇을 어디에 언제 왜 드려야 할까?

십일조라는 말은 히브리어 'Maaser'라는 단어에서 온 것으로 단순히 10%를 의미한다. 그것은 단어의 뜻이 그렇기 때문이다. 우리는 십일조를 사실상 우리가 하나님의 것을 그분께 돌려드리는 행위로 보아야 하며 영적 전쟁의 과정으로 이해해도 된다.

구약성경 말라기에 보면 온전한 십일조를 '창고'로 가져올 것을 우리에게 간곡히 권하고 있는데 이 창고란 현재 우리가 영적으로 양육 받으며 출석하고 있는 교회라고 나는 생각한다. 따라서 이 창고는 선교 활동하는 곳이나 다른 사역의 현장이 아니라 우리를 돌봐주고 또 우리를 영적으로 이끌어 줄 목회자가 영적 권위를 갖고 사역을 담당하고 있는 곳으로 지금 우리가 섬기고 있는 교회를 말하는 것이 틀림없다.

또한, 십일조는 우리의 재정 가운데 하나님의 초자연적인 능력을 경험할 수 있는 유일한 방법이기도 한 것이다. 십일조가 성경에 나타난 것은 아브람이 살렘왕 멜기세덱에게 십일조를 한때였다.

> 너희 대적을 네 손에 붙이신 지극히 높으신 하나님을 찬송할
> 찌로다 하매 아브람이 그 얻은 것에서 십분 일을 멜기세덱에게
> 주었더라. (창 14:20)

십일조의 원칙은 시대나 국가 또는 성경의 어떤 부분에만 적용되는 것은 아니다. 그것은 중력의 법칙과 같은 보편적인 원리이다.

십일조와 마찬가지로 중력은 우리가 늙었거나 젊었거나 남자이거나 여자이거나 또는 동양인이거나 서양인인 것을 구분하지 않는다. 그것은 모든 사람에게 언제나 똑같이 작용하고 있다. 하나님께서 우리가 십일조 하기를 원하시는 또 다른 이유는 무엇일까? 예수님의 형제 되시는 야고보는 순교 직전 교회 성도들에게 보낸 편지에서 크리스천들이 세상을 어떻게 살아가야 할지를 훈계하시면서 특히 행위를 통한 믿음의 실천을 강조하기도 하셨다.

> 영혼 없는 몸이 죽은 것 같이 행함이 없는 믿음은 죽은 것이니라.
>
> (약 2:26)

십일조는 하나님을 우리의 공급자로 믿는 믿음의 표현이다. 그러므로 십일조는 우리를 위한 것이지 하나님을 위한 것은 결코 아니다. 하나님의 목적은 우리에게 돈을 원하시는 것이 아니라 오히려 우리의 마음에 하나님을 공급자로 여기는 믿음을 갖도록 하시려는 것 아니겠는가! 그러므로 규칙적이며 일관성 있는 십일조는 우리 마음 가운데 하나님을 공급자로 인정하는 믿음을 갖게 해주며 또한 그것은 우리의 삶 가운데서 행해지는 재정 훈련의 한 방식인 것이다. 이 같은 십일조의 훈련이 안 된 사람은 재정적인

무엇이 우리를 아프게 하는가

삶의 다른 어떤 영역에서도 훈련을 수행할 능력이 없을 수밖에 없다. 우리가 하늘의 열린 문을 통해 부어주시는 하나님의 풍성한 재물을 기대한다면 십일조만으로는 충분하지 않다. 십일조는 단지 하늘의 창고 문을 여는 데 필요할 뿐이고 각종 헌금이나 후원금이야말로 우리에게 풍성한 재물의 복을 약속해 줄 수 있을 것이기 때문이다.

십일조와 헌금의 역할에 대해 자동현금출납기(ATM)의 기능에 비유하여 예를 들어보자.

ATM은 카드를 기계에 넣으면 대개의 경우 거래가 시작되고 돈을 출금할 수 있다. 이 예에서 보면 카드의 기능은 십일조의 기능과도 같아 보인다. 그러나 우리가 ATM에 카드를 넣었다 하더라도 비밀번호를 입력하지 않으면 돈이 출금되지 않는다. ATM에서 비밀번호의 역할을 하는 것이 사실은 각종 헌금이나 기타 후원금 등인데 따라서 하나님 나라의 재정을 사용하기 위해서는 십일조뿐만 아니라 각종 헌금이나 후원금도 역시 꼭 필요한 것이다.

십일조의 또 다른 목적은 한 개인이나 가정을 재정적인 두려움으로부터 구하려는 것일 수도 있다. 하나님의 신실하신 사랑을 경험하면 그분의 완전한 사랑이 두려움을 내어 쫓을 수 있다는 것을 경험하게 될 것이다. 십일조의 신비스러움은 또 있다. 우리가 앞으로 십일조를 하겠다는 결심만으로 우리는 하나님의 초자연적인 기적을 체험할 수도 있는 것이다.

어떤 사람들은 십일조와 헌금 등에만 집착하기도 하는데 그러나 우리는 영적인 면에도 역시 관심을 기울여야 한다.

많은 사람이 재정 관리에 대한 성경적 원리를 올바르게 이해하고 있으면서도 자신들이 아는 것을 잘 실천하지 못하고 있다. 어쩌면 이것은 영적인 면에서의 이해가 부족한 때문일 수도 있는데, 사실은 지금 우리가 재물과 관련해서도 영적 전쟁을 벌이고 있다는 것을 잊어서는 안 된다.

재물과 관련한 영적 전쟁의 기운은 텔레비전 전파가 작용하는 것과 흡사하다. 현재 우리가 있는 장소에도 텔레비전 전파는 존재하고 있다. 그러나 방송을 시청할 수 있는 수신 장치가 없으면 우리는 이를 시청할 수 없는 것처럼 영적인 영역도 이와 비슷해서 하나님과 천사들 그리고 사탄이 분명히 역사하고 있는데도 불구하고 우리에게 이 같은 영적 영역을 감지할 수 있는 능력이 현저히 부족하면 이를 거의 인식할 수 없다. 그렇다고 이러한 영적인 작용이 없다거나 또는 이런 기운들이 우리의 삶에 영향을 미치지 않는다고 단정할 수는 없지 않겠는가!

이제 우리는 이 같은 영적 작용이 우리의 삶에 끼치고 있는 영향력에 대해서도 의식할 수 있어야 한다. 영적인 측면에서 보면 우리는 재정적인 일에 관한 한 성령님의 인도를 받는 것 역시도 매우 중요하기 때문에 우리가 돈을 소비할 때에도 어디에 사용할 것인지를 성령님의 도움을 받아 결정하여야 한다.

우리가 살면서 획득한 모든 것은 하나님의 은혜이며 어느 것 하나도 우리 자신의 능력으로 얻은 것은 없다. 이 같은 사고의 전환이 이루어질 때 하나님께서 주신 재물의 소유권은 하나님께 있으며 우리는 단지 하나님의 재물을 관리하는 청지기에 불과하다는 사실을 우리 모두가 깨달을 수 있게 되는 것이다.

결국 크리스천 부자란 천국에 갈 수 있는 자격이 있는 사람 즉 천국행 티켓을 소지하고 구원에 대한 확신을 갖고 사는 사람, 또한 항상 마음에 기쁨과 감사와 사랑이 넘쳐나는 사람, 그리고 현재 하나님께서 주신 재물의 복을 풍성히 누리고 있는 사람, 이런 모든 것을 고루 갖추고 있는 사람만이 진정한 의미의 크리스천 부자로서 존경받을 수 있을 거라고 나는 확신한다.

또한 하나님께서는 궁극적으로 우리가 마음을 완전히 비우길 원하고 계신다. 하늘나라에서의 진정한 부자가 되기 위해서는 우리는 먼저 우리 자신의 마음을 비워야 한다. 우리가 가지고 있는 욕심의 모든 짐을 내려놓고 오직 하나님만 바라보면서 하나님께 모든 것을 맡겨야 한다. 이렇게 할 때 하나님께서는 우리를 더 크게 축복해 주실 수 있는 것 아니겠는가!

하나님 아버지! 부족하고 허물 많고 죄 역시 많은 저를 지금까지 꺾지 않으시고 지켜 주셔서 감사드립니다. 또한 나의 모든 삶이 하나님의 섭리 속에 있음도 이제는 깨달아 알고 있습니다.
앞으로 얼마 남아 있지 않은 삶! 하나님께 영광 돌리며 생을 마감할 수 있도록, 주님! 저를 도와 주시옵소서!   아멘.

누군가 하나님의 음성을 직접 듣고 스스로 깊은 깨달음 후에 지은 詩 같아 여기에 소개해 본다.

<u>너의 빈손을 나에게 다오!</u>

주님은

내가 그토록 귀중하게 여기던 것들을

하나씩 하나씩 거두어 가셨습니다.

눈부시게 아름답던 나의 보물들을

모두 다 잃어버린 후

나의 손은 텅 비고 말았습니다.

"너의 빈손을 나에게 다오"

이처럼 사랑스런 주님의 음성을 듣기 전까지

나는 더러운 옷을 걸치고 가난과 눈물 속에서

얼마나 방황 하였는지요!

그러나 주님을 향하여 나의 빈손을 내밀었을 때

주님은 신비롭고 아름다운 주님의 보물들로

더 이상 감당할 수 없을 때까지

넘치도록 채워 주셨습니다!

무엇이 우리를 아프게 하는가

어리석고 미련했던 나의 마음은

그제서야 깨달았지요!

무엇인가로 이미 가득 차 있는 손은

하나님의 축복을 절대로 받을 수 없다는 사실을!

사랑의 기적

우리는 흔히 성공과 출세를 같은 개념으로 이해하기도 한다. 그러나 출세는 다소 객관적인 판단을 요구하고 있는데 반해 성공은 다분히 주관적인 성격이 강하다고 말할 수 있다. 왜냐하면 성공은 자기 자신이 원하는 것을 이루어낸 것에 대해 스스로 만족한 상태를 의미하기 때문이다. 따라서 성공은 엄밀히 말해 다른 사람의 객관적인 판단이 요구되지 않을 수도 있다.

그러나 현실적으로는 타인들로부터 객관적으로 인정받지 못하고 있는 자신의 삶에 대해 혼자서만 성공했다고 외쳐본들 무슨 의미가 있겠는가! 어쨌든 인간은 누구나 성공하기를 바라며 또 이를 위해 자신의 모든 것을 불사르기도 한다. 그러면 성공하기 위해서 우리는 어떻게 살아야 하는 것일까? 또한, 자신이 원하는 것을 얻기 위한 방법은 과연 무엇일까? 먼저 우리 인간이 원하는 것을 크게 세 가지로 구분해서 생각해 본다면,

첫째는 정신적인 면이다. "To be" 즉 나 자신이 어떤 사람이 되어야 하는가의 문제이며 이는 인격적인 면을 강조하는 것으로 이해할 수 있다.

무엇이 우리를 아프게 하는가

둘째는 경제적인 면인데 "To have" 즉 무엇을 소유할 것인가의 문제로 우리는 흔히 이 부분을 성공의 결과물로 인정하고 있는 것도 사실이다.

셋째는 사회적인 면으로 "To do" 즉 무엇을 하며 살 것인가의 문제이다. 얼핏 보면 이 부분은 명예적인 것을 의미하는 것처럼 보이기도 하지만 실제로는 이타적인 삶, 즉 자신이 소유하고 있는 부와 재능을 타인에게 베풀며 사는 삶을 요구하는 것일 수도 있다. 결국 자신이 원하는 인격, 또 자신이 원하는 것에 대한 소유, 그리고 자신이 하고 싶은 일을 하면서 살 수 있는 삶, 이런 요건을 두루 갖춘 사람을 가리켜 성공한 사람이라고 인정하는데 주저할 이유가 없어 보인다.

성경에서는 우리가 원하는 삶을 살 수 있도록 하는 방법에 대해 여러 곳에서 상징적으로 기술하고 있다. 아브라함과 사라 사이에 자식이 없을 때 하나님께서는 아브라함을 집 밖으로 불러내어 밤하늘의 수많은 별들을 바라보게 하셨다. 즉, 하늘의 수많은 별들을 바라보면서 자손의 수가 별의 수만큼이나 많아질 것을 상상하고 믿으라는 것 아니겠는가!

바라보고, 상상하고, 그리고 믿는 것, 이것이 우리가 원하는 것을 얻을 수 있는 핵심적인 요소일 거라고 나는 생각한다.

이와 같은 예는 야곱과 요셉 그리고 모세와 여호수아의 삶에서도 발견할 수 있다. 야곱은 형 에서를 피해 외삼촌 라반의 집에서 양치기하던 시절이 있었다. 이때 야곱은 흰 양들에게 얼룩무늬가 있는 나뭇가지를 보면서 물을 먹게 하고 또 교접할 수 있도록 함으로써 얼룩무늬가 있는 새끼 양들을 많이 얻을 수가 있었다. 일종의 바라봄의 법칙이라고나 할까? 또한 여호수아의 군대가 여리고 성을 공격할 때 하나님의 말씀만을 믿고 7일 동안 그냥 아무 말도 없이 성곽을 하루에 일곱 바퀴씩 돌기만 하고 아무런 물리적인 힘을 작용시키지 않았지만 7일째 되는 날 거대한 여리고 성이 저절로 무너져 내리지 않았는가! 여기서 우리는 물리적인 힘 외에 어떤 또 다른 힘의 존재를 인정하지 않을 수가 없어 보인다.

유럽에서는 성경에 나와 있는 성공에 대한 이 같은 원리를 일찍이 현실 생활에 적용하기 시작했다. 최근 우리나라에서도 이지성 작가가 〈꿈꾸는 다락방〉 시리즈를 발간하여 자기계발에 대한 국민적 관심을 크게 고조시킨 바 있다.

이를 인용해서 정리해 본다면 우선 성공하기 위한 조건으로 물리적인 노력보다 정신적 요소인 믿음이 가장 중요하다는 것이다. 자신이 성공할 수 있다는 확신! 따라서 이미 성공한 자신의 모습을 강렬하게 상상할 수 있는 능력, 이런 강력한 상상력이 우리의 성공을 좌우한다고 한다. 하지만 이 같은 원리는 역사적으로 볼 때 세상의 인정을 제대로 받지는 못해 왔다. 몽상가들, 또는 비현실적이고 비과학적인 사람들에게나 어울리는 말쯤으로 취급당해온 것도 사실이다.

그러나 20세기에 들어서면서 뜻밖의 사람들에게 인정을 받게 되는데 현대물리학의 총아라고 불리는 '양자론'과 '상대성이론'을 연구하는 사람들이었다. 양자물리학자들은 우주가 원자보다 작은 어떤 미세물질, 즉 양자들

무엇 우리를 아프게 하는가

로 가득 차 있음을 발견했다. 그리고 이 양자들이 언제라도 물질로 전환될 준비를 갖추고 있음도 밝혀냈다. 또 이 양자들은 비물질적인 힘, 즉 일종의 어떤 에너지에 반응한다는 사실도 알게 되었다.

양자들은 지구와 우주의 모든 공간에 마치 구름처럼 퍼져있다. 이런 양자들은 에너지의 형태로 존재하면서 인간의 생각에너지에 반응하여 파동에서 입자로 변화한다.

이것이 현대물리학의 최고봉이라 불리는 양자물리학이 발견해낸 진실이다. 양자 세계가 4차원이라면 현실 세계는 3차원이다. 이는 변하지 않는 진실일 것이다. 하지만 3차원은 4차원에 포함되어 있다는 것 역시도 진실이다. 그리고 인간의 육체는 물론이고 모든 물질은 쪼개고 또 쪼개면 마지막엔 양자들만 남는다는 것도 사실이다. 현재 이 같은 논리는 '양자론'과 '상대성이론'이라는 현대물리학의 양대 산맥으로부터 그 진실성을 확증 받은 지극히 보편적인 과학이론으로 받아들여지고 있다.

그러면 상상력이 어떻게 우리 미래의 성공을 보장할 수 있다는 것일까? 인간에게는 의식, 무의식의 세계가 존재한다. 그러나 인간 뇌의 90%는 무의식의 세계를 관장하고 있기 때문에 결국 우리는 뇌의 10%밖에는 사용하지 못하고 있다. 따라서 뇌의 90%를 차지하고 있는 무의식의 세계가 실질적으로는 우리의 삶을 지배하고 있다고 보아야 한다. 더구나 우리의 무의식은 우리의 미래를 알고 있다고도 한다. 우리 뇌의 전두엽에는 미래기억을 담당하는 부위가 있는데 이 부위는 말 그대로 두뇌로 하여금 미래를 기억하게 하는 장소이다. 이런 까닭으로 우리 몸은 무의식이 알고 있는 미래에 대한 정보를 기억으로 전환해 뇌의 전두엽에 저장해 둔다.

사실 마음에서 강렬하게 일어나는 성공에 대한 열망은 뇌의 전두엽에 저장되어 있는 미래에 대한 기억을 통해서 이미 성공한 자신의 모습을 보았기 때문에 생겨나는 것일 수도 있다. 따라서 미래 어느 시점에서 인가 반드시 성공해 있는 사람만이 지금 성공의 꿈을 가질 수 있게 된다는 것이다. 다소 소름 끼치는 이론처럼 보이긴 하지만 마음에 새길수록 더욱 공감이 간다.

전두엽에 저장된 미래에 대한 기억이 현실화하려면 미래기억을 담당하는 뇌의 부위가 활성화되어야 한다. 이를 활성화 할 수 있는 방법은 오직 원하는 것에 대하여 강렬하게 상상하는 것밖에는 없다고 한다. 자신의 성공한 미래모습을 강력하게 상상하면 뇌의 전두엽 부위가 활성화되어 다음과 같은 현상이 일어나게 되는데 먼저 우리 몸은 전두엽에 저장된 미래에 대한 기억을 진정한 현실로 받아들이게 되고 실제 현실과 미래기억 사이의 간격을 수정이 필요한 오류로 인식하게 된다. 두뇌는 이런 오류를 수정하기 위해서 무의식의 힘을 사용하여 몸의 주인에게 미래기억을 현실로 만들 수 있는 능력이 생겨나도록 한다는 것이다.

즉 불굴의 의지력이나 차원이 다른 지혜 같은 내적인 능력을 발휘할 수 있도록 해준다는 것인데, 이로 인해 미래기억과 실제 현실 사이의 간격은

무엇이 우리를 아프게 하는가

점점 좁아지게 되고 결국에는 미래의 기억이 현실이 된다는 것이다.

우리 모두의 마음속에는 자신이 되고 싶은 어떤 모습이 들어 있다. 만일 우리 자신이 되고픈 어떤 모습을 매일 생생하게 꿈꾸고 상상한다면 우리의 두뇌 속에서는 어떠한 일이 벌어질까? 전두엽의 미래기억을 담당하는 부위가 강력하게 활성화되면서 저장되어 있는 미래기억을 전기신호로 전환하여 무의식의 세계를 향해 자극적으로 쏘아댈 것이다. "지금 내가 보내는 전기신호 안에 너의 진정한 모습이 들어 있으니 어서 빨리 그걸 이루라"는 메시지 아니겠는가! 그러면 무의식은 기지개를 켜고 활동하기 시작한다. 이 같은 과정이 매일 반복되면 자신도 모르는 사이에 꿈을 현실로 만들 수 있는 능력이 갖춰지게 된다는 것이다.

실제로 운이 좋은 것처럼 보이는 사람들은 우연히 꿈을 이루는 게 아니다. 그리고 운이 없어 보이는 사람들 또한 원하는 것을 애당초부터 가질 수 없는 운명으로 태어난 것도 아니다. 그들 자신의 미래에 대한 상상이 그들의 미래를 만든 것뿐이다.

이 세상에서 물질적인 무엇을 이루거나 얻는 일은 우리가 마음먹기에 달려 있다고 한다. 우리는 그저 마음만 강하게 먹으면 된다. 오래도록 변치 않는 꿈은 마침내 보석이 되어 우리 앞에 나타나게 될 것이다. 이 같은 이론에 대해 어떤 사람들은 말도 안 된다며 무조건 부정하는 사람, 또 한 부류는 실천해서 꿈을 이루어 내고야 마는 사람, 그리고 실천은 하는데 꿈을 이루지 못하는 사람 등이 있다. 자신의 꿈을 이루고자 하는 간절한 마음 없이는 결코 이를 실천하기가 쉽지는 않을 것이다.

그 때문에 어쩌면 벼랑 끝에서 잡은 꿈이 우리를 훨씬 더 멀리 날게 할 수 있을지 모른다. 왜냐하면, 그만큼 더 절박한 간절함이 있기 때문이 아니겠는가!

그러면 이 같은 논리에 따라 우리가 그냥 독하게 마음먹고 강력하게 상상만 하면 무엇이든지 현실로 이루어질 수 있는 것일까? 나는 이 말에는 동의할 수가 없다. 자신이 원하는 꿈을 이루려면 성공에 대한 확신을 갖고 강력하게 상상하기 이전에 반드시 갖추어야 할 전제조건이 있다고 생각한다. 우선은 이 같은 정신적 노력 외에 현실적인 노력이 뒤따라야 할 것이다. 그리고 다음으로 더 중요한 것은 하나님의 사랑을 깨달아 실천하는 것이다.

아담과 이브가 범죄한 이후로 우리 인간은 누구나 죄인일 수밖에 없다. 그러나 하나님께서는 우리의 죄를 사하여 주셨으며 우리를 구원하시려고 독생자이신 예수님을 십자가에 못 박혀 돌아가시게까지 하셨다.

우리는 우리를 향하신 하나님의 사랑과 용서를 깨달을 수 있어야 하고 우리 역시도 남을 사랑하고 용서할 수 있어야만 한다. 이 같은 자격이 갖춰질 때 하나님의 은혜가 임할 수 있는 것이며 이런 연후라야 우리가 원하는 모든 것이 우리의 믿음대로 이루어질 수 있는 것이다. 사랑에 대한 바울 선생의 말씀을 들어 보자.

> 사랑은 오래 참고 사랑은 온유하며 시기하지 아니하며 사랑은
> 자랑하지 아니하며 교만하지 아니하며 무례히 행하지 아니하

무엇이 우리를 아프게 하는가

며 자기의 유익을 구하지 아니하며 성내지 아니하며 악한 것을 생각하지 아니하며 불의를 기뻐하지 아니하며 진리와 함께 기뻐하고 모든 것을 참으며 모든 것을 믿으며 모든 것을 바라며 모든 것을 견디느니라.　　　　　　　　(고린도전서 13:4-7)

용서에 대해서도 예수님께서는 비유를 통해 우리를 일깨워 주고 계신다.

서기관들과 바리새인들이 음행 중에 잡힌 여자를 끌고 와서 가운데 세우고 예수께 말하되 선생이여 이 여자가 간음하다가 현장에서 잡혔나이다. 모세는 이러한 여자를 돌로 치라 명하였거니와 선생은 어떻게 말하겠나이까. 그들이 이렇게 말함은 고발할 조건을 얻고자 하여 예수를 시험함 이러라. 예수께서 몸을 굽히사 손가락으로 땅에 쓰시니 그들이 묻기를 마지 아니하는지라. 이에 일어나 이르시되 너희 중에 죄 없는 자가 먼저 돌로 치라 하시고 다시 몸을 굽혀 손가락으로 땅에 쓰시니 그들이 이 말씀을 듣고 양심의 가책을 느껴 어른으로 시작하여 젊은이까지 하나씩 하나씩 나가고 오직 예수와 그 가운데 섰는 여자만 남았더라.　　　　　　　　(요한복음 8:3-9)

사실 용서의 주체는 오직 하나님 한 분뿐이실 것이다. 영원히 죄인일 수밖에 없는 우리 인간들끼리 누가 누구를 정죄하고 또 용서한단 말인가! 우리는 우리에게 깊은 상처를 준 이들을 용서할 수 있게 해 달라고 하나님께 기도드려야 한다. 왜냐하면, 진정한 의미에서 용서란 성령의 도움 없이는 불가능하기 때문이다. 이 같은 사랑과 용서의 의미를 우리가 온전히 깨달아 이를 잘 실천 한다면 우리의 마음 밭은 언제나 기쁨과 평안과 감사로 가득 채워지게 될 것이다.

나는 이 모든 것이 하나님의 '사랑'을 실천함으로써 만 가능할 것으로 생각한다. 우리는 하나님의 인간에 대한 사랑을 깊이 이해하고 마음속으로 그 사랑을 느끼면서 우리의 공허한 마음을 항상 이 같은 사랑으로 가득 채워야 한다. 그런 후에라야 비로소 우리의 꿈이 현실로 이루어지는 기적을 체험할 수 있을 것이다. 자신의 내면을 사랑의 마음으로 온전히 충전 시켜 놓지 않고 오직 개인적인 욕심과 정욕으로만 채워진 허탄한 마음을 갖고서는 아무리 꿈꾸고 상상하고 애써봐야 아무것도 이루어 낼 수 없다.

비록 이 같은 상태에서 무엇인가를 이루었다 해도 사랑이 없다면 이것이 진정한 행복으로 전환될 수 없기 때문이다.

히브리어 체다카(Tzedakah)는 자비, 자선으로 번역되기도 하지만 우리는 이를 의로움이라는 뜻으로 더 잘 이해하고 있다. 어떤 기준에 부합하는 것을 의로움이라고 정의한다면 유대인의 기부문화는 체다카(Tzedakah)의 어원에서 그 근원을 찾을 수 있을 것이다. 따라서 예수님께서는 이 같은 의로움을 사랑의 잣대로 제시하고 계신 것은 아닐까? 격(格)이 낮은 의로움은 날카롭고 차가울 수밖에 없다. 이런 의로움은 상대방을 비판하고 단죄한다. 그러나 격(格)이 높은 의로움은 부드럽고 따뜻하다. 상대방을 자신

무엇이 우리를 아프게 하는가

의 품에 안아서 사랑의 마음으로 녹여주기 때문이다. 안중근 의사는 그들의 독립운동 근거지가 탄로 날 우려가 있었음에도 불구하고 일본군 포로를 풀어준 적이 있다. 하나의 생명이라도 소중히 아낄 줄 아는 사랑의 마음이 그에게는 있었던 것이다. 그러나 아이러니컬(Ironical) 하게도 안중근 의사는 이 같은 의로움으로 이토히로부미(伊藤博文)를 쏘았다. 결국 더 많은 생명을 구하기 위함이 아니었겠는가! 그리고 그는 "弱한 것으로 強한 것을 물리치고 어진 것으로 惡한 것을 물리친다." 라는 말씀 또한 남기셨다. 사랑이라는 주춧돌 위에 세워진 正義! 이런 정의야말로 진정한 의미에 있어서의 의로움이라는 것에 동의하지 않을 사람은 아마 없을 것이다.

우리 인간의 마음에서 사랑을 빼앗아 버린다면 우리에게 과연 무엇이 남아 있을 수 있겠는가! 우리의 가슴을 뜨겁게 달아오르게 하는 아가페적인 사랑! 이 같은 사랑이야말로 우리 미래의 성공을 보장해 줄 수 있는 하나님께서 우리 가슴속 깊이 감춰 놓으신 진정한 보석일 거라고 나는 확신한다.

아인슈타인은 우리의 삶에는 두 가지 방식이 있다고 했다. 하나는 기적이 없다고 믿는 삶과 다른 하나는 인생의 모든 것이 기적이라고 믿고 사는 삶이다.

나는 우리의 삶 자체가 기적이며 이 같은 기적은 오직 사랑과 감사를 통해서 만이 경험할 수 있을 것으로 믿고 있다. 하나님께서는 이런 기적을 통해 우리와 항상 함께하심을 증명해 주고 계시는 것 아닐까?

"하나님은 사랑이시며 사랑은 곧 기적을 만든다."라는 말씀이 하늘 그윽한 곳에서 메아리 되어 울려 나와 내 영혼을 고이 감싸주는 듯하다.

고난의 신비

고난과 같은 의미로 사용되는 단어에는 고통, 시련, 역경 또는 환란, 그리고 시험 등이 있는데 이처럼 고난이라는 말은 각기 다른 여러 가지 단어로 표현되기도 하지만 우리 인간이 살면서 당연히 겪을 수밖에 없는 현실임에 틀림이 없어 보인다.

성경에 나오는 인물 중 고난을 겪지 않은 사람이 과연 몇이나 될까? 어쩌면 성경은 인간 삶에 관한 고난의 역사책이라고 해도 과언은 아닐 것이다. 성경에 등장하고 있는 인물 중 특히 아브라함, 야곱, 요셉을 비롯하여 모세, 다니엘, 그리고 다윗과 바울 등 이런 분들은 고난의 골짜기를 통과하여 하나님께로 더 가까이 다가갈 수 있었던 사람들이다.

그러면 고난의 실체는 무엇일까? 사실 고난은 우리를 다루시는 하나님의 손길인지도 모른다. 따라서 우리는 이 같은 고난을 통해 하나님을 더 깊이 사랑할 수 있게도 되는 것일 거다. 하나님께서는 우리에게 자유의지를 주셨다. 그 때문에 우리가 겪는 고난의 문제도 결국은 우리 자신의 잘못된 선택에 따른 결과라고 볼 수 있다. 우리가 겪을 수밖에 없는 고난의 문제를 굳이 구분해서 생각해 본다면 먼저 재정적인 문제와 가정의 문제 그

무엇이 우리를 아프게 하는가

리고 건강상의 문제와 사랑하는 사람을 잃었을 때의 슬픔, 또는 불의의 사고로 인한 절망감 등 그 종류만도 이루 헤아릴 수 없을 정도로 다양하다.

그러면 이 같은 고난은 어디로부터 오는 것일까? 그 원인이 무엇인지를 우리가 미리 알 수 있다면 이 같은 고난의 문제를 사전에 피할 수 있든지 아니면 고난의 정도를 다소 약화시킬 수 있을지도 모른다. 나는 그동안 고난을 겪을 때마다 이런 문제들에 대해 나름대로 깊은 사색도 해보고 또한 고난이나 고통에 대해 언급한 책들도 읽어 보곤 하였다. 그리고 성경에 등장하고 있는 고난을 극복한 인물들에 대해서도 특별한 관심을 갖고 살펴보기도 하였다.

우리가 겪을 수밖에 없는 고난의 원인을 크게 두 가지로 나누어 본다면 하나님께서 우리에게 허락하시는 고난과 사탄에 의해 겪는 고난으로 구분할 수 있을 것 같다. 하나님께서는 이 같은 고난을 통해 우리 인간들을 연단 시키기도 하신다.

그러면 하나님께서는 어떠한 경우에 우리에게 고난을 허락하시는 것일까? 하나님께서 우리에게 고난을 허락하실 때에는 우리의 결함을 바로잡아 주시기 위한 목적과 우리를 연단 하여 하나님의 뜻에 맞는 사람으로 만드시려는 목적으로 구분하여 생각해 볼 수 있을 것 같다.

나는 우리의 결함을 크게 세 가지로 나누어 보았는데 첫째는 우리의 죄이고, 둘째는 우리의 교만이며, 셋째는 우리 삶의 우선순위가 바뀌었을 때가 아닌가 싶다.

기독교에서는 우리 인간 모두가 죄인이라고 하는 원죄설을 믿고 있다. 예수님께서는 이런 우리의 죄를 대신 속죄하기 위하여 십자가에 못 박혀 돌아가셨는데 그렇다면 기독교에서 말하고 있는 죄란 과연 무엇을 의미하는 것일까? 차동엽 교수는 죄에 대해 다음과 같이 정의하고 있다.

죄는 히브리어로 '하타', 그리스어로는 '하마르티아'이다. 과녁을 빗나간 상태란 뜻이다. 과녁이 뭔가? 기준이다. 어떠한 기준을 벗어난 상태가 죄라는 얘기다. 우주에 깃든 섭리 그런 섬세한 질서에서 벗어나는 것을 죄라고 하는 것이다.

나는 이 같은 죄의 정의에 대해 동의한다. 여기서 말하는 죄의 개념은 영어로 sin을 말하는 것일 거다. sin이 종교적 의미에 있어서의 죄의 개념이라면 영어단어 crime은 실정법적인 죄, 즉 인간이 사회질서 유지의 필요에 의해 인위적으로 만들어 놓은 성문법적인 죄를 의미하는 것이다. 인간이 죄라고 규정하고 있는 crime은 시간과 공간에 따라 그 개념을 달리할 수도 있는 것이기 때문에 절대적인 죄의 개념으로 받아들이기에는 다소 무리가 따를 수도 있다.

미국의 경우를 보더라도 주마다 죄를 규정하고 있는 내용이 서로 다른 것을 보면 이 같은 죄의 개념에 어떤 절대성을 부여하기란 어렵지 않겠는가!

그러면 sin의 개념을 우리는 어떻게 해석하여야 할까? 과녁을 빗나간 상

무엇이 우리를 아프게 하는가

태 즉 우리 인간을 창조하신 하나님께서 정해 놓으신 기준을 벗어난 상태를 죄라고 정의한다면 이 기준은 절대적일 수밖에 없다.

사실 종교적인 죄 sin도 원죄(original sin)와 실행죄(actual sin)로 구분해서 생각해 볼 수 있다. 원죄가 우리 인류의 조상 아담과 이브가 에덴동산에서 범한 죄성(罪性)을 우리 인간이 그대로 물려받은 것을 의미하는 것이라면 실행죄란 인간의 부패한 본성으로 인해 하나님께서 정해 놓으신 규범을 우리가 실제로 위반한 행위를 말하는 것이다. 따라서 sin은 결국 우리 인간이 하나님의 창조 목적에 따라 살기를 거부하고 인간 자신의 욕망에만 의존하며 살아가는 행위 자체를 의미한다고 볼 수도 있는 것이다. 그 때문에 우리 인간이 이런 기준에서 벗어났을 때 하나님께서는 우리에게 고통을 주시는 것 아니겠는가! 이유는 분명하다. 이런 고통은 우리가 궤도에서 이탈되어 있을 때 우리를 다시 원래의 상태로 돌아오라고 하시는 하나님의 손짓인 것이다.

우리에게 고난이 닥쳤을 때 우리는 먼저 우리 자신을 돌아보아야 한다. 혹 나의 삶 속에 잘못되고 있는 것은 없는지 살펴서 빨리 회개하고 하나님께 용서를 구한 다음 다시 새롭게 출발하여야 한다. 이런 조치를 신속하게 취하지 않는 한 우리의 고난은 계속될 수밖에 없을 것이기 때문이다. 이 같은 고난은 우리를 다시 하나님께로 돌아올 수 있게 하시려는 하나님의 뜻이기 때문에 하나님께서는 우리가 이 고난을 잘 감당하기를 바라고 계신다.

바울 사도께서 고린도교회에 보낸 편지에 이 같은 고난의 의미가 잘 담겨 있다.

> 사람이 감당할 시험밖에는 너희가 당한 것이 없나니 오직 하나님은 미쁘사 너희가 감당하지 못할 시험 당함을 허락하지 아니하시고 시험당할 즈음에 또한 피할 길을 내사 너희로 능히 감당하게 하시느니라.
> (고전 10 : 13)

결국, 하나님께서는 죄를 회개하고 돌아올 것을 우리에게 깨우쳐 주시기 위해 이런 고난을 우리에게 주시기도 하지만 우리가 감당할 수 있는 고난만을 허락하고 계신다. 따라서 우리는 하나님께서 정해 놓으신 기준에서 벗어나지 않도록 끊임없는 노력을 하여야만 할 것이다.

우리가 어릴 적부터 귀가 따갑게 들어온 말이 "공부해라"라는 말이다. 공부(工夫)는 중국의 한자 功夫에서 따온 말로 중국어로는 쿵푸(Kung fu)라고 발음한다. 공부(工夫)의 의미를 우리는 거의 Study의 개념으로 이해하고 있지만 사실 중국어 功夫(쿵푸, Kung fu)는 영어로 디시플린(Discipline)의 개념에 더 가깝다고 보아야 한다. 우리 선조들은 공부(工夫)를 단순히 Study의 개념으로만 이해한 것이 아니라 디시플린(Discipline)의 개념을 더 비중 있게 고려하여 사용하였던 것이 아닌가 싶다. 어쨌건 우리가 이 같은 기준에서 벗어나지 않기 위해서 우리는 끊임없이 셀프디시플린

무엇이 우리를 아프게 하는가

(Self-discipline)을 해야 한다. 즉 자기단련, 다시 말해 중국의 소림사 스님들이 훈련하고 있는 功夫(쿵푸, Kung fu)의 무예 동작처럼 우리는 같은 기준의 생각을 반복해서 우리 의식에 주입할 때 우리는 하나님께서 정해 놓으신 기준에서 벗어나지 않게 될 것이다.

결국은 우리가 이런 죄의 문제에서 자유로울 수 있어야만 역시 이 같은 고난의 문제에서도 자유로워질 수 있을 것이기 때문이다.

그렇다면 하나님께서 정해 놓으신 기준은 무엇일까? 우주에 깃든 섭리, 그런 섬세한 질서에서 벗어난 것을 죄라고 정의한다면 이런 섭리나 질서가 무엇이냐 하는 것인데 우리는 모세가 시내산에서 하나님께로부터 받은 십계명을 먼저 떠올릴 수가 있다. 바로 이 십계명이 우주에 깃든 섭리 또는 그런 섬세한 질서가 아닐까? 결국 이 십계명이 하나님께서 우리에게 요구하고 계신 과녁, 즉 기준이라고도 할 수 있을 것이기 때문이다.

구약성경에도 율법이 제시되고 있고 예수님께서도 우리가 지켜야 할 많은 기준을 정해주시기도 하였는데 이와 같이 성경에 기록되어 있는 기준에서 벗어나지 않고 온전한 삶을 살 수 있는 사람이 과연 얼마나 될까? 우리 모두가 죄인일 수밖에 없다는 말의 의미가 새삼 마음속의 짐이 되어 다가오기도 한다.

우리는 흔히 비기독교인들과 대화를 나누다 보면 자신은 죄를 지은 것이 없다고 생각하는데 기독교에서는 왜 인간 모두를 죄인이라고 생각하는지 모르겠다며 불만을 토로하는 사람들을 볼 수 있다. 이런 사람은 sin과 crime의 개념을 명확히 구분하지 못하는 데서 생긴 오해일 거라는 생각이 든다.

둘째로 하나님께서는 우리가 교만해질 때 우리에게 고난을 허락하신다. 우리의 삶 가운데 종종 고난이 오는 것은 인간의 본성과도 같은 우리의 교만을 하나님께서 깨뜨리시기 위해서라고 보아야 한다. 우리 자신의 능력으로 무엇이건 다 할 수 있다고 생각하는 교만! 어쩌면 이 같은 인간의 교만이 바벨탑 사건 같은 것을 만들어 낸 것일 거다.

그러나 우리는 자신의 힘으로 감당할 수 없는 어떤 어려움을 만나게 되면 겸손해질 수밖에 없다. 그 때문에 하나님께서는 이런 고난을 통해 우리를 겸손케 하신 후 우리가 모든 것을 하나님 앞에 내려놓고 또 하나님만을 의지하며 믿고 따를 수 있도록 우리 삶에 직접적으로 역사하고 계시는 것이다.

결국, 우리에게 이 같은 고난이 오는 이유는 우리가 자신의 성공을 자신의 힘과 능력만으로 이루어 낼 수 있다고 믿고 하나님 앞에 교만할 때 하나님께서는 이런 고난을 통해 우리를 겸손케 하시려는 것이다.

고난은 또한 용광로와도 같다. 여러 가지 쓸모없는 고철들을 용광로에서 녹여내어 새로운 강철을 만들어 내는 것과 같이 하나님께서는 교만한 우리를 고난이라는 용광로에 집어넣어 겸손한 새사람으로 만들어 내려는 것이다.

고난은 역시 도자기를 구워내는 가마와도 같다. 아무리 흙으로 잘 빚어놓은 도자기라도 아직은 흙에 불과한 것이지만 이를 섭씨 1,000도 이상 고

온의 가마에 넣어 며칠이고 구워내면 이것이 고려청자도 되고 이조백자도 되는 것이다. 그러나 고열의 가마를 통과했다고 해서 모든 도자기가 고려 청자나 이조백자가 되는 것은 아닐 것이다. 어떤 것은 열을 견디지 못해 깨 어지기도 하고 또 어떤 것은 찌그러지기도 한다.

우리도 이런 고난을 잘 견뎌내지 못하면 도리어 더 큰 역경이 찾아올 수 도 있는 것이기 때문에 우리는 오직 하나님 편에 서서 하나님 말씀만을 붙 잡고 고난이라는 불가마를 잘 견뎌내야만 한다. 우리가 이 같은 역경을 무 사히 통과하고 나면 우리는 전보다 더 겸손해질 수 있는 것이고 또한 하나 님의 축복을 받을 자격이 있는 훌륭한 그릇으로 만들어지게 되는 것이다.

셋째, 하나님께서는 우리 삶의 가치 우선순위가 바뀌었을 때 우리에게 고난을 주기도 하신다. 이유는 간단하다. 바뀐 우선순위를 바로 잡아 주시 기 위한 것이 아니겠는가!

〈고난은 있어도 절망은 없다〉에서 김상복 목사님은 삶의 우선순위에 대 해 좋은 말씀을 주고 계시다. 하나님께서 우리에게 허락하고 계신 고난은 아픔이요 슬픔이고 고통이지만 그 속에는 하나님의 놀라운 은혜가 있다. 고통은 우리 삶의 가치 우선순위가 잘못 설정되어 있을 때 겪게 되는데 이 경우 우리가 우선순위만 잘 조정해주면 이 같은 고통은 사라질 수 있는 것 이다. 우리가 지켜야 할 우선순위에 대한 성경의 말씀을 보자.

예수께서 이르시되 네 마음을 다하고 목숨을 다하고 뜻을 다하여 주 너의 하나님을 사랑하라 하셨으니 이것이 크고 첫째 되는 계명이요 둘째도 그와 같으니 네 이웃을 네 자신 같이 사랑하라 하셨으니 이 두 계명이 온 율법과 선지자의 강령이니라.

(마태 22:37~40)

　예수님께서는 이것이 성경 전체에서 가장 중요한 포인트라고 말씀하셨다. 예수님 말씀에 의하면 결국 하나님이 첫째요 그리고 이웃이 둘째이고, 우리 자신은 마지막 차례라는 말씀이다. 이것이 성경이 가르치고 있는 삶의 가치의 우선순위이며 이 우선순위가 잘 정돈되어 있으면 우리의 삶은 고난 없이 평안할 것이고 반대로 이 우선순위가 잘못되어 있으면 하나님께서는 이 우선순위가 바로 잡힐 때까지 우리에게 고난을 주실 수밖에 없을 것이다. 혹시라도 현재 우리가 우리의 삶 속에서 하나님을 무시한다거나 또 멀리하고 있다면 우리는 지금 바로 돌아서야 한다. 우리의 삶의 가치의 우선순위가 잘못되어 지금껏 고난을 겪고 있다 할지라도 이제부터라도 돌이켜 자신을 겸손히 낮추고 하나님께서 정해 놓으신 우선순위를 잘 지켜 살아간다면 하나님께서는 우리로부터 고난의 사슬을 끊어내시고 우리를 축복하실 거라고 나는 확신한다.

　우리가 죄를 짓고 또 교만하고 삶의 가치의 우선순위가 잘못되어 있을 때 하나님께로부터 고난을 받을 수밖에 없는 것은 당연하다. 그러나 이와는 달리 겸손한 마음으로 하나님 말씀에 순종하며 신앙적으로도 온전한 삶을

무엇이 우리를 아프게 하는가

살고 있는 사람에게 갑자기 닥쳐오는 고난의 문제에 대해서는 우리가 어떻게 받아들여야 하는 것일까?

이런 종류의 고난에 대해 오스힐먼은 〈하나님의 타이밍〉이라는 책에서 다음과 같이 기술하고 있다.

간단히 말해 요셉의 경우처럼 하나님이 어떤 지도자를 통해 엄청난 일을 이루게 하시려고 먼저 그에게 심각한 역경을 경험하게 하시는 경우가 있다. 그 이유는 무엇일까? 바로 역경이 지도자의 인격을 세우고 지혜를 구비시킨다는 사실을 하나님께서 아시기 때문이다. 하나님께서는 사람들의 삶 속에서 이 역경을 선용하고 계시는 것이다.

역경을 당하는 동안 우리는 하나님께 버림받은 느낌이 들 수도 있다. 지금 우리가 이런 역경의 구덩이 속에 던져져 있을지라도 우리는 하나님께서 이 역경을 선용하고 계시다는 사실을 분명히 기억하여야 한다. 이 같은 고난은 하나님께서 우리를 단련 시켜 우리의 미래를 더욱 복되게 하기 위함이 아니겠는가!

우리가 겪는 고난은 경제적 파탄 등 이 밖에도 수많은 종류의 시련이나 재난들로 이루어져 있을 수도 있다. 이 같은 상황이 되면 우리는 자신의 삶을 스스로 통제할 수 없게 되며 노 없는 뗏목에 실려 망망대해를 떠다니는 듯한 느낌을 갖게도 되는데 이런 경우라면 우리는 하나님께 모든 것을 의존할 수밖에 없을 것이다. 그러나 이 같은 역경이 결국에는 우리에게 새로운 성품과 더 강력한 리더십을 갖추게 해 주는 것이다. 예수님의 형제이신 야고보 사도의 말씀을 들어 보자.

> 내 형제들아 너희가 여러 가지 시험을 당하거든 온전히 기쁘게 여기라. 이는 너희 믿음의 시련이 인내를 만들어 내는 줄 너희가 앎이라. 인내를 온전히 이루라. 이는 너희로 온전하고 구비하여 조금도 부족함이 없게 하려 함이라.   (약 1:2-4)

이 같은 성경 말씀에도 불구하고 우리가 올바른 신앙을 갖고 하나님의 뜻에 따라 온전한 삶을 살고 있는 중에 어떤 고난이 찾아오면 사실 우리는 당황할 수밖에 없을 것이며 어쩌면 하나님을 원망하게도 될 수 있다.

그러나 하나님께서는 우리를 단련하여 하나님께서 목적하는 곳으로 정확히 이끌어갈 계획을 갖고 계신다. 이처럼 우리가 하나님께 온전히 순종하며 겸손한 마음으로 신앙생활을 잘하는 중에 발생하는 고난과 시련은 하나님에 의해 허용된 것이며 결국 하나님께서는 이런 고난을 통해 우리에게 상상을 뛰어넘는 지도자의 역할을 맡길 준비를 하고 계시는 것이 분명하다.

그 때문에 우리는 하나님께서 우리를 편안하게 해주는 것에만 관심을 갖고 계실 거라고 생각해서는 안 된다. 하나님께서 우리에게 원하시는 바는 우리가 생각하고 있는 것보다 훨씬 광대하시며 궁극적으로는 우리가 예수님을 닮길 원하고 계신다는 사실이다.

무엇이 우리를 아프게 하는가

그런데 우리가 예수님을 닮기 위해서는 이 같은 역경의 골짜기를 통과하지 않고는 결코 도달할 수 없기 때문에 하나님께서 우리에게 고난을 허락하고 계시는 것이다.

우리가 교만하여 죄를 짓고 또 삶의 가치의 우선순위가 잘못되어 우리에게 고난이 시작되었다 하더라도 우리가 자신의 죄를 깊이 회개하고 겸손한 마음으로 하나님 말씀에 순종하면서 우리의 잘못된 삶을 올바른 방향으로 궤도수정 하였다면 우리의 고난은 멈추게 된다. 그러나 웬일인지 고난이 그치지 않고 계속된다면 그때로부터의 고난은 우리를 크게 쓰시기 위한 하나님의 연단 프로그램으로 다시 전환된 것으로 보아야 한다. 따라서 우리가 겪고 있는 고난에 대해서는 그때그때 우리가 처한 환경에 따라 해석을 달리해야 할 필요가 있다.

결국, 하나님께서는 이 같은 고난을 통해 우리가 변화되길 원하고 계시므로 하나님과 동행하는 사람은 결코 현재의 위치에 그대로 머무를 수는 없다. 그 때문에 하나님께서 우리를 새로운 방향으로 이끄실 때마다 우리는 계속 새롭게 변화되어야만 하는 것이다.

우리는 무슨 일이든지 우리 자신의 능력으로만 하여야 한다는 강박관념에서 벗어나야 한다. 왜냐하면 하나님께서는 친히 당신의 계획대로 우리를 주관하고 계시며 또 우리를 당신이 계획하고 있는 목적지로 정확하게 인도해 가고 계시기 때문이다. 우리가 지금 이 같은 고난에 직면해 있다면 하나님께서 우리에게 상상할 수조차 없는 큰 사역을 맡기시려는 것으로 생

각해도 괜찮다. 이럴 때 우리는 이런 고난을 잘 참고 견뎌내면서 온 마음을
다해 하나님께 매달리기만 하면 된다.

　작자 미상의 시인데 우리가 겪는 고난에 담겨있는 하나님의 깊으신 뜻이
잘 묘사된 것 같아 옮겨본다.

　　하나님이

　　누군가를 훈련시키고자 하실 때

　　그 사람을 감동시키기 원하실 때

　　그 사람을 숙련시키고 싶으실 때

　　누군가에게 고귀한 역할을 맡기시기 원하실 때

　　세상이 놀랄 정도로 위대한 사람을 만드실 때

　　그분이 사용하신 방법과 방식들을 보라.

　　당신이 택하신 자를

　　얼마나 철저히 다듬으시는지

　　그 사람을 내리치고 상하게 하시며

　　강한 타격을 가하여

　　그를 초라한 진흙덩이로 전락시키시니

　　이를 이해하는 이는 오직 하나님뿐이시며

　　고통에 겨운 그의 심령은 부르짖을 뿐이며

　　그는 탄원의 손을 치켜들 뿐이다.

그 분이 그 사람의 유익을 도모 할 때

구부리되 결코 부러뜨리진 않으신다.

당신이 택한 자를 사용하시되

온갖 의도로 그를 녹이시며

온갖 행동으로 그를 권유하심으로써

당신의 영예가 드러나게 하신다.

하나님이 하시는 일은 그분만이 아신다.

우리가 겪을 수밖에 없는 고난의 원인 중에서 마지막으로 사탄이 우리에게 주는 고난이 있다. 그러면 사탄은 어떤 사람에게 이 같은 고난을 주는 것일까?

사탄은 초자연적인 능력을 갖고 있지만, 하나님의 무한하신 능력에는 미치지 못한다. 그러나 사탄에게는 우리 인간에게 없는 초능력이 있는 것도 사실이다. 그런데 사탄은 아무 능력도 없고 또 영향력도 없는 사람에게는 별로 관심이 없다. 다시 말해서 사탄은 하나님을 사랑하지 않고 죄와 세상 속에 빠져 자기중심적이며 제멋대로 사는 사람에게는 관심을 두지 않을 뿐만 아니라 크리스천 중에서도 겉모양만 크리스천인 사람들 역시도 거들떠보지도 않는다. 왜냐하면, 이들은 그냥 내버려 두어도 하나님 말씀대로 살지 못할 것이 분명하기 때문이다. 사탄은 오직 올바른 믿음으로 사는 사람에게 관심을 두고 있으며 이들을 유혹하여 실족시키려 하는 것이다. 이런 이유는 분명하다. 우리가 하나님을 떠나 스스로 낙심하고 절망하여 하나님을 원망하면서 스스로의 삶을 포기토록 만들려는 것 아니겠는가!

우리는 하나님께 이 같은 사탄의 움직임을 분별할 수 있는 영적 안목을 갖게 해 달라고 늘 기도해야 한다. 우리가 싸우는 것은 사탄과 그리고 악한 영들이기 때문에 이런 현상은 결국 영적 전쟁상태를 의미하는 것이다. 따라서 우리가 영적 전쟁을 승리로 이끌기 위해서는 영적으로 완전무장을 해야 한다.

그러면 영적 무기는 무엇일까? 하나님 말씀과 우리의 간절한 기도 그리고 성령, 이 세 가지가 바로 우리가 영적 전쟁에서 이길 수 있도록 하나님께서 우리에게 주신 강력한 무기인 것이다. 하나님 말씀을 우리가 잘 깨닫고 있으면 사탄이 수 천 년 동안 어떻게 우리에게 역사해 왔는지를 알 수 있다. 따라서 성경에 기록된 수많은 사람의 생생한 경험을 통해 우리는 교훈을 얻을 수 있으며 또한 우리는 하나님 말씀에 담긴 이 같은 능력에 힘입어 영적 전쟁에서 승리할 수 있는 것이다.

예수님께서도 사탄에게 세 번이나 시험을 당하셨으나 결국 하나님의 말씀으로 승리하시지 않았는가! 우리도 역경의 순간마다 성령님의 도움을 받아 하나님의 말씀과 기도로써 사탄의 유혹에서 벗어날 수 있어야 할 것이다.

우리 집은 내가 5살 되던 해에 청주로 이사를 했는데 집과 가까운 곳에 기독교장로회 소속인 북문교회가 있었다. 할아버지께서는 당신의 장모님 영향으로 기독교를 받아들이셨고 고향에 '건지산교회'를 세우기도 하셨다.

무엇이 우리를 아프게 하는가

이런 연고로 인해 집안의 종친들과는 다소 소원하게 지내셨다. 이유는 종친회에서 주관하는 조상에 대한 각종 제사며 기타 집안 행사에 자주 참석하지 못하신 때문일 것이다.

그러나 할아버지께서는 종친 행사에 필요한 비용 등을 항상 다른 집보다는 많이 보내셨다고 한다. 할아버지께서 종교적인 이유로 참석을 못하시는 데 대한 미안함 때문이었을 것으로 짐작이 간다.

나는 청주로 이사 온 후부터 줄 곳 청주북문교회에 출석했다. 일요일 아침이면 으레 어머니께서 주신 연보 돈을 갖고 교회에 가서 예배드리곤 하는 것이 정해진 일과였다.

내가 중학교 3학년이 되던 해에 서울에서 총각 목사님이 새로 오셨다. 당시에 교회 규모가 작아 학생회 조직도 없었는데 목사님은 부임하시자 곧장 학생회를 조직하셨고 나를 학생회 회장으로 임명하였다.

이런 일들은 사춘기를 겪고 있던 내가 공부 외의 다른 쪽에 관심을 갖게 되는 계기가 되었는데 나는 이 같은 상황에서 나 자신의 생각과 행동을 통제치 못하여 결국 학교 공부를 소홀히 할 수밖에 없었다.

이런 기억은 이후 한참 동안이나 교회에 대한 부정적 이미지를 내 마음에서 완전히 떨쳐내지 못하고 신앙적 갈등을 겪게 되는 단초가 되기도 하였다. 그러나 하나님의 섭리는 참으로 신비하시다. 이런 불운이 당시에는 내게 큰 슬픔으로 다가왔지만, 이후에는 도리어 내 삶에 커다란 축복으로 작용하게 될 줄을 누가 알았겠는가!

이런 시련은 청소년기 나에게 새로운 꿈과 도전 의식을 심어주었고 이후 내 삶에 긍정적인 영향을 준 것 역시도 부인할 수 없는 사실이다.

나는 대학 시절 심각한 신앙적 갈등을 겪게 되는데 그동안 일요일이면 으레 교회에만 다녀오면 되는 것으로 알고 있었던 생각에 근원적인 의문이 생기기 시작한 것이다. 이런 갈등은 오랫동안 내 마음을 지배하게 되었고 나는 영적 방황 속에서 늘 헤어나질 못하고 있었다.

당시 갈등의 가장 중요한 포인트는 조상에 대한 제사 문제였다. 형님도 미국에 이민을 가신 상황에서 돌아가신 조부모님과 부모님의 제사 문제를 어떻게 해야 하는 것인지를 결정할 수가 없었기 때문이다. 기독교에서는 왜 조상에 대한 제사를 지내서는 안 된다고 하는 것인지. 당시로써는 도저히 이해할 수 없는 물음이었다.

광화문 KT 본사에서 근무하던 때인 어느 날 퇴근길에 누군가가 내게 갑자기 다가와 말을 건넸다.

선생님! 복이 많아 보이십니다. 시간이 되시면 잠깐 이야기를 나눌 수 있을까요?

당시 나는 이런저런 문제들로 인해 고민이 많았고 이로 인해 누군가와의 대화를 몹시 그리워하고 있을 때였다. 이런 심적 불안감으로 시간을 일부러 내어 회사 근처의 철학관을 자주 찾아다니곤 했을 정도였다. 나는 인간에 관한 근원적인 물음에 답을 얻어 보려고 철학관을 찾은 것이긴 하지만

무엇이 우리를 아프게 하는가

결국 이런 일련의 행동이 사탄과의 영적 전쟁의 시발이었다는 것을 깨닫기까지에는 많은 시간이 흘러야만 했다.

어쨌거나 퇴근길에 만난 이 젊은 친구의 제안으로 중곡동에 있는 장소로 같이 이동을 하였는데 이곳이 모 종교집단이라는 사실을 안 것은 그곳에 도착해서였다.

이후 나는 3년여 동안 이곳을 드나들며 나름대로 치성도 드려가며 살펴보았으나 여기서도 나의 의문을 해소하지는 못하였다. 사실 이곳은 제사라는 형식을 통해 인간의 삶을 통제하고 있는 것 아닌가 하는 생각마저 들었고 내가 궁극적으로 찾고 있던 답을 얻기에는 거리가 너무 멀었다. 그러나 나에 대한 사탄의 기브온계략 이었을까? 나는 여기를 더 이상 찾지 않았지만 이후 조상의 제사 문제에 대해 더욱 더 관대한 생각을 하게 되었고 결국 1년 동안 제사를 위한 준비를 마치고 1995년 할아버지 기일을 첫 시작으로 하여 이후 10여 년간 조상님에 대한 제사를 지내게 된다.

이 과정에서 마음에 상심되는 일도 많았고 이 때문에 가끔은 무당집을 찾아 굿판을 벌인 적도 있었다. 이시기는 내가 사탄과 마귀의 사슬에 매여 헤어나질 못하고 있었던 내 생에 있어 가장 암울한 시기였을 것이다.

그러나 당시 모든 일이 잘 풀려가고 있는 것 같았던 내 삶에 경고등이 들어왔다. 국회의원 선거에 출마하여 낙선한 것은 그렇다 치더라고 KT 명예퇴직자들을 위해 내가 앞장서서 설립한 회사의 경영이 어려움에 봉착하게 된 것이다. 내 명의로 되어 있던 목동의 아파트와 그리고 아내가 상속받은 분당의 아파트가 회사 채무에 보증을 선 탓으로 모두 경매처분 되었고 이로 인해 우리 가정은 하루아침에 오갈 곳이 없는 처지가 되기도 하였다.

당시 회사설립에 참여한 퇴직 사우들은 수천 명이 넘었지만, 이분들이 수익을 기대하고 참여한 것은 아니었을 것으로 생각한다. 이십 년 이상 성실하게 봉직해 왔던 회사를 사전 준비 없이 하루아침에 그만두게 되었다는 허탈함이 이분들의 마음에 상처가 되었을 것으로 짐작이 간다. 따라서 이 같은 기회에 모두가 힘을 합쳐 이런 마음의 상처를 서로 위로받고자 하는 기대감이 왜 없었겠는가!

출자금 상한선을 정해놓은 관계로 개인적으로 큰 부담이 되지는 않았을지라도 이분들의 마음을 잘 알고 있는 나로서는 회사경영이 어려워졌다 해서 이 문제를 소홀히 할 수는 없었다. 나를 믿고 출자한 분들에 대해서 끝까지 책임을 져야 하는 것은 어쩌면 당연한 일 아닐까? 나는 숙명이라 생각하고 내가 살아서 존재하는 한 이 문제를 꼭 해결하겠다고 하루에도 수십 번씩 마음에 다짐하곤 했다.

이런 내 마음을 하늘에서도 아셨는지 신비스럽게도 하나님께서는 내가 감당할 수 있는 시련만 주시는 것 같았고 어려움이 있을 때마다 피할 길도 아울러 마련해 주셨다. 이 같은 모진 시련을 통해 나는 나에게 잘못된 것이 무엇인지를 깨닫게 되었으며 나는 다시 본래의 제자리로 돌아올 수 있었다.

아내는 오직 나만을 믿고 모든 것을 내게 맡긴 채 나를 잘 따라 주었는데 나는 이 같은 아내의 기대에 실망만을 안겨 주었다고 생각한다. 나의 잘못

무엇이 우리를 아프게 하는가

된 선택과 결정으로 인해 나 자신이 고난을 받는 것은 당연한 것으로 받아들일 수 있었지만, 아내와 자식까지 고통을 받게 한 것은 내게 도저히 견딜 수 없는 아픔으로 다가오기도 하였다. 이때처럼 한 집안의 가장의 책임에 대해 통감해 본 적은 없다.

결국, 나는 하나님께 죄를 지은 탓에 고난을 받는 것으로 깨닫고 이 같은 죄를 깊이 회개하면서 아내와 같이 주일 성수를 마치고 나면 양평의 강남금식기도원으로 향하여 이곳에서 예배도 드리고 또한 기도 시간을 갖기도 하였다.

그러나 우리가 올바른 신앙을 갖고 말씀에 순종하면서 온전한 삶을 살고 있다고 자만하고 있을 때 우리에게 사탄의 또 다른 공격이 다시 시작되었다. 사탄은 나에게 은밀히 다가와 교묘한 속임수로 나를 파멸시키려 하였고 또한 누군가를 내게 보내 나를 도와주려는 것처럼 가장하여 나에게 접근토록 하였다. 그러나 당시에 나는 이 같은 사탄의 전략을 미리 간파하여 대처할 수 있는 그런 영적 준비가 전혀 되어 있지 않았었다.

이 같은 형태를 취하는 사탄의 공격을 우리는 기브온계략 이라고도 한다. 나의 믿음과 가치관에 부합하는 것처럼 보이는 어떤 사람을 나에게 접근 시켜 나의 영적 에너지를 고갈시킴으로써 나의 시간과 자원들을 좀먹게 하는 전략이다. 이런 계략은 처음부터 내가 처한 모든 문제와 역경을 제거해 줄듯이 약속을 하기도 하고 또한 필요한 것을 채워주고 고독도 치유해 줄 것처럼 하면서 돈독한 인간관계를 맺기도 하는데 결국에는 이 모든 행위가 영적인 면에서는 나를 파멸시키기 위한 사탄의 계략에 불과한 것이다. 이런 기브온 계략은 여호수아나 이스라엘 백성들이 이미 수천 년 전에 겪은 일이긴 하지만 오늘날에도 우리 크리스천들이 종종 겪게 되는 사탄의 속임수가 분명하다. 이런 사탄의 계략은 우리에게 영적인 안목이 없으면 결코 알아차릴 수가 없기 때문에 더 위험한 것 아니겠는가!

우리는 우리 눈에 보이고 또 손으로 만져지는 것들과만 전쟁을 하는 것으로 잘못 알고 있다. 사실은 눈에 보이고 만져지는 것 이면에 사탄의 영이 숨어서 작용하고 있다는 것을 깨달을 수 있어야 한다. 그래야만이 이에 적절히 대항할 수 있는 것인데 나는 이런 영적인 안목을 당시에는 전혀 갖추고 있지 못했다.

하나님께서 우리에게 복을 주실 때 사람을 통해서 주시지만 반대로 고난을 주실 때도 사람을 통해서 역사하시는 것처럼 결국 사탄도 기브온계략처럼 사람을 통해서 우리를 시험에 들게 하고 또 넘어뜨리는 경우가 대부분이다. 따라서 우리는 우리와 관계하고 있는 주변의 사람들에 대해 올바로 분별할 수 있는 안목을 꼭 갖춰야 한다.

나는 인생이 결국은 사탄과의 영적 전쟁의 연속이라고 생각한다. 우리가 싸워야 할 대상은 우리 눈에는 보이지 않는 사탄과 악령들의 세력이다.

우리가 어려움에 처해 있을 때 아내는 눈가가 짓무를 정도로 밤새 울며 기도하곤 하였다. 어느 날 인가 집에 오니 아내가 침대에 앉아서 울고 있었다. 방문을 열고 막 들어서는 내게 아내는 울먹이며 말을 건넸다.

무엇이 우리를 아프게 하는가

여보! 나 방언 은사 받았어. 기도를 열심히 하고 있는데 그냥 혀가 막 꼬부라지면서 나도 이해할 수 없는 말이 막 쏟아져 나와. 불어 같기도 하고 일본어 같기도 하고. 무슨 말인지는 잘 모르겠는데 마음속에서 어떤 기쁨 같은 것이 솟아나는 것 같았어. 여보! 성령님이 정말 계시는가 봐.

나는 당시 아내의 모습을 지금까지도 생생하게 기억한다. 눈물로 온통 뒤범벅되어 있는 아내의 하얀 얼굴은 마치 천사의 얼굴처럼 눈부셨다. 나는 엉겁결에 말을 받았다.

여보! 하나님께서 당신이 너무 불쌍해 보이니까 당신의 기도에 응답해 주셨는가 보다. 하나님께서는 나보다 당신을 더 사랑하고 계시는 것이 틀림없어.

아내는 방언 은사를 받은 이후 성령님의 존재를 굳게 믿게 되었고 이런 신비스러운 영적 체험은 우리의 신앙생활에 많은 활력소가 되기도 하였다.

나는 아내의 눈물 어린 기도에 늘 감사하게 생각한다. 그동안 우리 가정을 위한 아내의 간절한 기도가 없었다면 사랑하는 외동아들 형준이와 또 내가 지금 이렇게 건강하게 존재할 수 있었을까? 내가 나 자신에게 하루에도 수십 번씩 되물어 보곤 하는 질문이다. 진정 올바른 신앙인이 된다는 것! 어찌 보면 쉬운 것 같기도 하지만 얼마나 어렵고 힘든 것인지를 요즈음 아내와 나는 새삼 두려운 마음으로 깨닫고 있다. 나는 아내에게 가끔 이렇게 묻곤 한다.

여보! 지금 우리에게 무슨 문제가 있겠어. 우리 부부 서로 금실 좋지, 또 외동아들인 형준이 착하지, 그리고 우리 가족 모두 건강하지, 단지 지금은 우리 가정이 경제적으로 안정만 되면 되는 것 아닐까?

아내는 나를 애정 어린 눈빛으로 바라보며 답을 한다.

여보! 그렇게 되면 세상적 가치로만 볼 때 모든 문제가 다 해결된 것처럼 보일 수도 있지. 다른 사람들도 이것을 위해 평생을 고생하면서 살고 있는 것일 수도 있고. 그러나 이것만이 전부가 아니라는 것을 우리는 그간의 고난을 통해서 이미 깨닫고 있잖아. 이제는 세상적 가치 기준의 부자가 아니라 진정한 의미의 크리스천 부자가 될 수 있게 해달라고 기도드려야 할 것 같아. 그동안 애지중지 해왔던 세상적인 것들을 우리가 지금 모두 잃어버리긴 하였지만 대신 하나님의 고귀한 사랑을 발견하게 된 것이 얼마나 가슴 벅차고 감사한 일인데. 밭에 은밀히 감춰져 있는 금은보화를 발견한 농부의 마음처럼 말이야.

맞는 말이다. 어찌 보면 간단한 것 같지만 사실 이 두 가지 상반된 가치 명제에 인생의 모든 비밀이 감추어져 있을지도 모른다. 우리 삶의 역사는 사실 고난의 역사라고 해도 과언이 아니다. 이 세상에 고난 없이 사는 사람이 과연 몇 명이나 있을까? 그러나 우리는 이런 고난을 통해 하나님께 보다 더 가까이 다가갈 수 있는 것이며 또한 하나님께서 우리에게 주신 사명

무엇이 우리를 아프게 하는가

을 더 깊이 깨닫고 자신의 삶의 방향을 하나님의 뜻에 맞게 다시 그 궤도를 수정하기도 하는 것이다.

하나님을 아직 만나지 못한 사람들은 결코 경험할 수 없는 이런 기적 같은 일들이 얼마나 신비로운가! 하나님의 인간을 향한 사랑으로 인해 우리 인간이 겪을 수밖에 없는 이율배반적인 고난! 새길수록 그저 신비스럽기만 하다. 이 같은 고난의 신비는 지금도 우리의 구체적인 삶 속에서 그리고 우리의 영혼 깊은 곳에서 살아 역사하고 있다.

사도 바울 선생님이 로마의 옥중에 있을 때 빌립보교회의 성도들에게 보낸 글이다.

> 내가 궁핍하므로 말하는 것이 아니니라. 어떠한 형편에든지 나는 자족하기를 배웠노니 나는 비천에 처할 줄도 알아 모든 일 곧 배부름과 배고픔과 풍부와 궁핍에도 처할 줄 아는 일체의 비결을 배웠노라. 내게 능력 주시는 자 안에서 내가 모든 것을 할 수 있느니라.　　　　　　　　　　　　(빌립보서 4:11−13)

스캇펙은 "고난은 하나님의 변장 된 축복"이라고 하였다. 고난을 진정한 축복으로 받아들일 수 있는 우아하고 아름다운 영혼을 갖게 해주실 것을 간구하며 오늘도 나는 하나님께 간절하고 애절한 마음으로 기도를 드린다.

하나님 아버지!

왜 제게 이런 고난이 찾아왔는지 지금은 이해할 수 없습니다. 그러나 주님은 이런 상황까지도 이미 다 알고 계실 거라 믿습니다. 하나님께서는 모든 것이 합력하여 선을 이룬다고 말씀하셨고 또한 저를 위해 악을 선으로 바꿔 주시겠다고도 약속해 주셨습니다. 하나님 아버지께서 이 고난의 길을 저와 함께 동행해 주실 줄 믿고 감사드립니다. 아멘.

고난과 시련의 긴 여정을 마치며 끝으로 문병란 詩人의 詩 〈희망가〉를 이곳에 옮겨 본다.

"희 망 가"

문 병 란

얼음장 밑에서도
고기는 헤엄을 치고
눈보라 속에서도
매화는 꽃망울을 튼다.

절망 속에서도
삶의 끈기는 희망을 찾고
사막의 고통 속에서도

무엇이 우리를 아프게 하는가

인간은 오아시스의 그늘을 찾는다.

눈 덮인 겨울의 밭고랑에서도

보리는 뿌리를 뻗고

마늘은 빙점에서도

그 매운 맛 향기를 지닌다.

절망은 희망의 어머니

고통은 행복의 스승

시련 없이 성취는 오지 않고

단련 없이 맹 검은 날이 서지 않는다.

꿈꾸는 자여, 어둠 속에서

멀리 반짝이는 별빛을 따라

긴 고행 길 멈추지 말라.

인생 항로

파도는 높고

폭풍우 몰아쳐 배는 흔들려도

한 고비 지나면

구름 뒤 태양은 다시 뜨고

고요한 뱃길 순항의 내일이 꼭 찾아온다.

제3장

가족!
그리고 그리움

그리운 어머니

파란 눈의 사랑

The better half

....
그리운 어머니

나는 6.25전쟁이 한창이던 때에 충북 청주에서 태어났다. 당시 우리 집에는 조부모님과 부모님 그리고 우리 6남매 이렇게 열 식구가 살았다.

증조부께서는 1876년 7월, 36세의 나이로 세상을 떠나셨고 할아버지는 같은 해 11월 유복자로 태어나셨다. 혼자되신 증조할머니께서는 당시의 풍습이던 보쌈을 몇 번이나 당하셨으나 그때마다 이를 뿌리치고 유복자로 태어나신 외동아들과 평생을 사셨다. 할아버지께서는 혼자되신 어머니를 모시고 오직 농사일에만 전념하며 무척 열심히 사셨다고 한다. 고조할아버지께서는 중추부사를 지내신 것으로 족보에 기재되어 있는데 아마 재산은 별로 없으셨던 것 같다. 청빈하셨다고나 할까? 아무튼, 할아버지와 증조할머니께서 고생을 많이 하셨다는 얘기를 듣다 보면 그리 짐작이 간다.

할아버지는 기골이 장대하셨다. 키도 190cm나 되셨고 힘도 장사급 이어서 씨름대회에 나가 우승하여 황소를 상품으로 받아오신 적도 있었다고 한다.

할아버지는 12살 때에 11살 되신 할머니와 혼례를 치르셨다. 할머니의 친정집은 청원군 옥산면 신대리였는데 할머니의 친정어머니께서는 당시 평

무엇이 우리를 행복하게 하는가

양에 세워진 숭실학교에 수학도 하셨으며 또한 충청북도에서 최초로 세워진 '신대교회' 건립에도 참여하셨다. 할머니께서는 1877년생으로 존함이 '주마리아'가 되신다. 당시의 시대상 황으로 볼 때 웬만한 신앙심 없이는 딸의 이름을 성경에 나오는 '마리아'의 이름을 따서 짓기가 그리 쉽지는 않았을 것이다.

할아버지께서는 무척 근면 성실하신 분이셨다. 농사를 지어 수확한 농산물 중 쌀을 비롯하여 돈이 될 만한 작물은 모두 시장에 내어 팔아 돈을 모

으셨고 이 돈으로 농지를 계속해서 매입하셨다.

당시에는 끼니를 걱정하며 사는 사람들도 많았던 터라 봄철 보릿고개가 되면 이웃의 어려운 사람들이 양식을 얻을 양으로 감자 등을 삶아 가져오곤 했다. 어머니는 이를 외면하지 않으시고 들고 온 그릇을 비우는 대신 이곳에 쌀을 보태주곤 하셨단다.

할아버지께서는 검소하지만 한편으로는 세련된 멋도 있으셨다. 1936년 10월, 할아버지 회갑기념으로 청주에서 사진사를 불러 당시에 쌀 몇 가마를 주고 당신의 어머니와 두 내외분께서 기념사진을 찍기도 하셨다. 나는 이 사진을 동아일보에서 발행하는 '주간동아'의 사진 콘테스트에 응모하였는데 사진에 담긴 의미와 그 예술성이 인정되어 할아버지의 회갑 기념사진이 '주간동아'에 게재되기도 하였다.

나의 어릴 적 기억으로는 할아버지께서 생전에 이 사진을 자주 꺼내 보시곤 하셨는데, 그때마다 두 눈에 눈물을 가득 머금고 계시던 할아버지의 모습이 지금도 생생하게 기억이 난다. 아마 돌아가신 당신의 어머니가 몹시도 그리울 때면 이 사진을 꺼내 보시곤 하셨던 것 같다. 젊은 나이에 혼자되신 어머니와 단 두 분께서 어느 누구의 도움도 없이 가산을 크게 일으키시기가 그리 쉽지는 않았을 것이다.

그 시대를 같이 살지는 않았어도 할아버지께서 느끼셨을 그 깊은 고독감을 어찌 모를 수 있겠는가! 아무튼 할아버지는 꽤 멋있는 분이셨고 또 무척 훌륭하신 분이셨다고 나는 생각한다. 할아버지의 삶을 되돌아볼 때마다 어떤 경외감마저 느껴지는 것이 나의 솔직한 고백이다.

내가 5살 되든 해, 우리 집은 할아버지의 반대에도 불구하고 청주로 이사 했다. 우리를 공부시켜야 한다는 일념으로 어머니께서 결단을 내리신 것이다. 이때 할아버지께서는 며칠 동안이나 식음을 전폐하시면서까지 반대를 하셨다고 한다. 할아버지께 농사지을 수 있는 땅이란 인생의 전부였을 것이라는 사실을 모르는 가족이 누가 있었겠는가! 평생을 농사일에만 종사해 오신 할아버지께서 고향을 떠난다는 것은 굉장한 모험일 수밖에 없었을 것이다.

청주에 이사한 후에도 우리들의 학비 마련을 위해 고향의 논과 밭이라도 매각할 양이면 할아버지께서는 다시 고향으로 내려가 농사를 짓겠다는 말씀을 그때마다 하셨다고 한다.

청주에 이사 온 그 이듬해 나는 7살의 나이로 주성초등학교에 입학을 하였다. 지금도 할아버지 손을 잡고 입학식에 참석했던 기억이 생생하다. 같은 해 7월, 아버지께서는 1년여의 간암 투병 끝에 불행히도 세상을 떠나셨다. 하시던 사업에 실패하시는 등 그 스트레스를 견뎌내지 못한 때문이실 거다.

그러나 고향에서 양식은 조달이 되고 하여 크게 생활의 어려움은 없었다. 1년에 한 번씩 가을 추수 후 소달구지 몇 대로 나누어 쌀과 기타 곡식을 가득 실은 우마차가 청주 집 앞에 도착이라도 할 때면 동네 사람들이 구경을 나올 정도로 그 행차가 장관을 이뤘다.

당시에 청주에는 소방서 망루가 삼층으로 가장 높았고 그 인근에는 이 층집이 우리 집밖에 없던 시절이라 우리는 늘 상 이층집 아이로 불렸던 것으로 기억한다.

아버지께서 돌아가신 후 할아버지와 할머니가 80세가 넘으신 고령의 나이로 생이별을 하시게 되는 일이 발생했다. 아버지께서 돌아가신 그 이듬해인 1959년 초 할아버지께서 가족을 모두 모아놓고 말씀하시길 애비가 먼저 하늘나라에 가고 없으니 이 집에는 남자인 자신이 있어야 한다면서 할머니께서는 시골의 둘째 아들네 집으로 가 계시라는 것이었다. 아들도 없는 집에 두 분 모두 계시는 것은 홀로된 며느리에게 부담이 되지 않겠느냐는 논리셨다. 이때 두 분이 서로가 시골로 가 계시는 것이 옳다며 다투시던 모습은 당시 어렸던 내 눈에도 몹시 안타깝게 느껴졌다.

그러나 며느리에게는 시어머니가 더 필요하다는 할머니의 주장은 받아들여지지 않았고 결국 할머니께서는 시골 작은집으로 떠나시게 된다. 할머니께서 청주 집을 나서시던 어느 봄날, 대문을 몇 번이나 돌아보시며 손수건을 꺼내 눈물을 훔치시던 할머니의 애처로운 모습은 아직까지도 내 가슴 속 깊이 남아 할머니에 대한 그리움을 더하고 있다. 지금도 그때의 할머니 모습이 떠오를 때면 어느샌가 내 눈가엔 눈물이 가득 고인다.

결국 두 분은 이때 헤어지신 이후로 돌아가실 때까지 같이 하지 못하셨다. 아무리 혼자된 며느리와 사랑하는 손자들을 위한 결정이었다고 해도 어떻게 이같이 모진 마음을 가질 수 있으셨는지 숙연한 마음에 그냥 머리

무엇이 우리를 아프게 하는가

가 숙여질 뿐이다. 두 분께서 같이 사셔도 외로울 수밖에 없는 80세가 넘으신 고령에 자손들을 위해 생이별을 스스로 결정하고 말년을 고독하게 보내신 두 분에 대한 생각을 마음에 새기면 새길수록 그냥 가슴이 미어지는 듯하다. 할아버지께서는 90세를 일기(一期)로 세상을 떠나셨다. 그로부터 2년 후인가 할머니께서도 할아버지의 뒤를 따르셨다.

이생에서 못다 나누신 두 분 만의 사랑을 천국에서라도 꼭 누리시길 간절한 마음으로 기도드린다.

방학 때만 되면 나는 할머니를 보고 싶은 마음에 시골 고향 집을 찾았다. 할머니께서는 1년에 2번 방학 때마다 찾아오는 큰집 손자들을 위해 그동안 할머니께 인사차 찾아오신 분들이 선물로 가져온 것을 잡숫지 않으시고 다락 깊숙이 감춰 놓으셨다가 우리에게 건네주곤 하셨다. 최소한 두세 달 정도 묵은 것들로 색이 다 바랜 과자며 말라비틀어진 사과 그리고 가스가 다 빠져나간 콜라 등이었다. 학교 개학 때가 되어 청주 집으로 돌아온 날이면 으레 나는 부엌에서 저녁밥을 지으시는 엄마를 붙잡고 할머니가 다시 보고 싶다며 한참을 슬피 울곤 하였다. 나이가 든 지금까지도 그때의 감정이 전이되어 애절한 마음에서 벗어날 수가 없다. 어쩌면 영원히 할머니에 대한 그리움에서 자유롭게 될 수는 없을 것 같은 느낌이다.

할아버지의 청년 시절은 다소 방황의 시기였다고 한다. 오창읍 내에 오일장이 설 때면 장터에서 술을 드시고 가끔은 남들과 다투기도 하셨단다.

스트레스가 왜 없으셨겠는가!

그러나 할아버지께서는 당신의 장모님 영향으로 기독교를 받아들이셨다. 당시에 누구나 그랬겠지만, 할아버지께서도 전통신앙을 갖고 계셨고 절기 때마다 집안 뒤뜰이며 장독대 등에 떡이며 정화수를 떠 놓곤 하셨는데, 가끔 장모님이 딸네 집을 방문하실 때면 늘 갖고 다니시던 지팡이로 집안 구석구석 떠 놓은 이런 정화수 그릇을 모두 깨어버리셨다고 한다. 이런 연후에 집에 돌아가셔서는 거의 며칠씩 앓아누우셨다고 하니 일종의 영적 전쟁의 후유증이 아니었나 생각된다.

결국, 할아버지께서는 기독교를 받아들이셨고 집에서 경작하던 복숭아 과수원 옆 터에 기독교장로회 '건지산교회'를 세우셨다. 할아버지께서는 당신이 세우신 교회에 장로님으로 시무를 하시며 설교도 직접 하셨다.

우리가 청주로 이사 온 후에는 시골에 계신 작은아버지께서 교회의 모든 살림을 맡아 보셨고 아울러 예배도 주관하셨다. 지금은 내가 태어난 고향에 '오창과학산업단지'가 조성되어 할아버지께서 세우신 '건지산교회'는 인근의 '각리교회'와 함께 현재는 '양청교회'로 통합되어 예배를 드리고 있다.

나이가 들어감에 따라 할아버지에 대한 그리움은 더욱 깊어져 만 간다. 나는 초등학교 때까지도 할아버지 옆에서 잠을 잤고 늘 할아버지의 젖꼭지를 만지며 잠이 들곤 하였다. 할아버지께서 들려주시던 옛날이야기 중에 포수가 곰 사냥을 하는 이야기는 아마 수십 번도 더 들었을 것이다. 그러나 틈만 나면 나는 할아버지를 졸라서 옛날이야기를 듣고 또 듣곤 하였으나 결

무엇이 우리를 아프게 하는가

코 싫증을 느껴본 적은 한 번도 없었다. 지금은 나도 어느새 이순(耳順)의 나이를 넘기고 있지만, 당시 할아버지의 얼굴 깊이 팬 주름 사이로 짙게 배어 있었던 고독을 언제나 내가 온전히 이해할 수 있을는지 그저 아득하고 멀게만 느껴진다.

아버지께서는 할아버지와 스타일이 많이 다르셨다. 젊어서부터 농사일에는 관심이 없으셨고 혼자서 도회지로 나가 생활하셨는데 아버지께서는 당신 외할머니의 권유로 막내 삼촌과 같이 평양의 숭실학교에 유학하셨다.

그러나 할아버지께서 학비를 제때에 보내주시지 않자 당신이 학비를 직접 벌어서 보내주겠다며 막내 삼촌만 평양에 남겨둔 채 아버지는 청주로 돌아오셨다고 한다.

결국 막내삼촌만 숭실학교를 졸업하셨고 고향인 청주에 오셔서 충북 최초의 운수회사인 충북운수의 임원으로 재직하셨는데 어찌된 일인지 천부교를 받아들이게 되셨고 소사 신앙촌으로 이주 하신 후 한때는 이곳에서 공장장 등 제2인자로 활동하기도 하셨다. 그러나 성품이 워낙 바르고 강직하신 분이 어찌 이곳 분위기에 동화되실 수 있었겠는가! 결국 모함을 받아 중요 자리에서 물러나신 후 환갑을 넘기지 못하시고 세상을 떠나셨다. 아까운 인재 한분을 잃은 것 같은 안타까운 마음에 눈물마저 고여 난다.

어머니께서는 평산(平山) 신(申)씨 자손으로 외할아버지께서는 신립 장군의 대종손이라고 하신다. 어머니는 아버지께 농담조로 이런 말씀을 가끔 하셨다고 한다. "여보, 옛날 같으면 당신 장(張)씨 집안은 우리 신(申)씨 집안의 말고삐도 못 잡았을 거유". 아마 신분이 그만큼 다르다는 것 아니었겠는가! 그러나 아버지께서는 어머니가 퍽이나 귀여우셨는지 그때마다 그냥 웃기만 하셨다고 한다. 어머니 말씀을 들어보면 아버지께서는 무척 엄격하셨지만, 한편으론 꽤 유머도 있으셨고 옷도 아주 세련되게 입으셨다고 한다. 속상한 일들로 인해 어머니께서 눈물이라도 보이실 양이면 자상한 모습으로 달래주시곤 하셨다는데 면면을 살펴보면 아버지와 어머니께서는 서로를 진정으로 사랑하셨던 것 같다.

외할머니께서는 전주 이(李)씨신데 신(申)씨 집안에 시집오신 후 시련이 많으셨다. 외할아버지께서는 선비 타입으로 어려서부터 총기(聰氣)가 있으셨고 문장과 서체가 출중하셨다고 한다.

그런데 웬일인지 장성한 후부터는 주독에 빠져 헤어나질 못하셨다. 집안의 토지문서 등을 요정(料亭)에 맡겨 놓고 술값이 다 채워질 때까지 몇 달이고 그곳에서 머무셨다고 하니 아무리 좋게 생각해도 정상은 아니셨던 것 같다. 굳이 그 원인을 따져 본다면 외할아버지께서 어렸을 적에 혼자서 인근 조상 산소에 성묘를 하러 가신 적이 있으셨다고 한다. 그러나 돌아오실 때는 옷을 모두 벗어버리고 울면서 혼자 집으로 달려온 사건이 있었다는 것이다.

물론 이로 인해 그리되셨다고 단정할 수는 없으나 아무튼 술이 깨시면 말씀도 별로 없으시고 마치 샌님처럼 조용하셨다고 하니 지금 생각해 보면 아마 사탄의 공격으로 인한 후유증이 아니었나 짐작이 간다. 생각을 거듭할수록 안타까운 마음뿐이다.

신씨 집안의 시제 날에는 신립 장군의 후손들이 모두 외갓집에 모여 신립 장군의 초상화를 꺼내 보곤 하였다. 한번은 초상화를 꺼내려고 궤를 열어보니 초상화가 없어진 것이다. 이를 찾기 위해 후손들이 일본까지 다녀오고 하였으나 결국 지금까지도 찾지 못한 것으로 알고 있다. 외할머니께서는 신씨 집안의 종갓집 맏며느리로서 일 년에 수십 번의 제사를 지내야 했다. 그런데 외할아버지의 외도로 가산은 탕진되고 허구한 날 술집에만 가 계시니 외할머니의 고충이 오죽이나 하셨을까!

어느 날인가 외할머니께서는 중대한 결심을 하시게 된다. 집안의 모든 제사 용구를 머슴들을 시켜 강변 모래사장으로 옮기게 한 후 이를 모두 불태워 버리셨다. 이 사건으로 인해 외할머니께서는 평산(平山) 신(申)씨 문중의 결정에 따라 친정으로 쫓겨 가시게 되었고, 3년이 지나서야 겨우 용서를 받고 다시 시댁으로 복귀할 수 있으셨다. 어찌 보면 외할머니께서도 보통 분은 아니셨던 것 같다. 결국 외할머니는 말년에 기독교를 받아들이셨고 신앙심 또한 돈독하셨다고 한다.

어머니에 대한 기억은 내게 있어 남다르다. 어머니께서는 젊은 나이에 혼자 되셨고 우리를 공부시키느라 고생도 무척 많으셨다.

내가 초등학교 6학년 때 중학교 입시 공부를 위해 밤에도 과외공부를 다니곤 하였다. 이런 내가 안쓰러워 보였는지 어머니께서는 집안 창고에 사과와 계란을 감춰 놓으시고 내게만 장소를 알려주셨다. 당시 집안 형편이 가족 모두를 배려하기에는 다소 부담이 되었던 시기였으니 이렇게밖에 할 수 없으셨던 어머니의 마음은 오죽하셨을까? 지금도 그때의 어머니를 생각하면 그냥 눈물이 하염없이 흐른다.

내가 중학교 1학년 때로 기억한다. 어머니와 나는 시골 작은집을 다녀올 요량으로 둘이서 집을 나섰다. 가는 길에 아버지 산소에 들렀는데 어머니께서는 아버지 묘소 앞에 앉아 봉분을 붙잡고 혼자서 한참을 한없이 우셨다. 나는 우두커니 서서 그냥 지켜볼 수밖에 없었지만, 당시의 어머니 심정이 얼마나 답답하셨겠는가! 그때 어머니께서 목 놓아 우시던 그 모습을 철이 든 이후부터 지금까지 나는 한순간도 잊어본 적이 없다.

나는 휴일이면 밥상머리에 앉아 한참 동안씩 어머니로부터 이런저런 이야기를 듣기도 하였다. 외갓집 이야기며 우리 집안의 숨은 비화들인데 그래서 양가 집안에 얽힌 뒷이야기를 나보다 더 많이 알고 있는 형제는 없을 것으로 생각한다.

무엇이 우리를 아프게 하는가

아버지께서는 장남인 관계로 부모님들을 모시기 위해 고향으로 돌아오셨다. 이로 인해 큰누나는 만주에서 유치원까지 다녔으나 고향에 와서는 초등학교만 마치고 중학교 진학을 못 하셨다. 할아버지께서 반대하셨기 때문이다. 할아버지께서는 당시에 여자들이 공부하는 것은 바람직하지 않다며 당신의 딸들도 초등학교만 마치시게 한 후 중학교 진학을 허락하지 않으셨다고 한다. 어찌 보면 우리 형제 중에서 큰누나가 머리도 제일 명석하고 재능도 무척 많으셨는데 이 일로 인해 어머니의 상심은 이루 말할 수 없으셨을 것이다. 그렇다고 당시에 시아버지의 뜻을 며느리가 감히 거스를 수도 없는 노릇 아닌가!

큰 누나보다 훨씬 더 공부를 못했던 친구들이 중학교에 진학하여 저녁노을이 질 무렵 교복을 잘 차려입고 무리 지어 하교하는 모습을 볼 때마다 어머니께서는 복받쳐 오르는 설움을 참지 못해 밭을 매던 일손을 멈추고 그 자리에서 한참을 그냥 우셨다고 한다. 큰딸에 대한 미안함과 안타까움이 기억으로 되살아나실 때면 어머니께서는 같은 이야기를 몇 번이고 반복해서 내게 들려주시곤 하셨다. 말씀을 들려주시는 내내 어머니의 두 눈에는 항상 뜨거운 눈물이 가득 고여 났고 그동안 가슴 깊이 맺혀 있던 한을 풀어내기라도 하시려는 듯 긴 한숨을 한참이나 토해내시곤 하셨다. 이런 안타까움이 어찌 어머니께만 국한된 슬픔이었겠는가! 우리 가족 모두에게도 역시 가슴 시린 아픔일 수밖에 없었을 것이다. 그러나 누나는 하늘로부터 걸출한 아들을 선물로 받아 효의 진수를 누리며 지금 그 누구보다도 행복한 삶을 보내고 계신다.

사실 어머니께서는 아버지가 돌아가신 후 형님을 많이 의지하고 사셨다. 형님은 할아버지를 닮아서인지 키도 훤칠하게 크시고 인물은 배우 신성일 씨 못지않으시다. 그러나 형님도 한때 시련이 많으셨다. 어찌 그 고통스러웠던 시절의 일들을 글로 다 표현할 수 있겠는가! 지금은 미국에 이민하여 LA에서 살고 계시며, 조카 삼 남매는 모두 훌륭하게 잘 자랐다.

형님보다도 형수님의 고생이 훨씬 많았을 것으로 짐작이 간다. 큰아들 용준이는 컬럼비아대학에서 경영학을 전공했으며, 지금은 프랑스계 은행의 홍콩지점에 근무하고 있다. 둘째 딸 미라는 언론사에서 기자로 활동하다 지금은 광고회사에 근무하고 있고 막내딸 혜진이는 로스쿨(law school)을 졸업하고 변호사가 되어 현재 미국의 로펌(law firm)에서 일하고 있다.

어머니께서 지금까지 살아계셨다면 손주들을 얼마나 대견스러워하셨을까! 더 오래 사시지 못한 안타까움이 어머니에 대한 그리움으로 변해 마치 봄 안개 피어오르듯 아쉬움으로 남아 가슴 깊이 스며든다.

어머니는 내가 29살 되던 해 정월 대보름 전날 밤 TV를 보시던 중 갑자기 뇌출혈로 쓰러지셨고 경희의료원 한방병원에 입원하여 치료를 받으셨으나 이틀 만에 돌아가셨다. 병원으로 가시는 동안 말씀은 못 하셨지만 조금은 의식이 있으신 상태였다. 그러나 어머니께서는 이때 이미 스스로 삶을 포기하신 것 같은 모습이셨다. 나는 당시 어머니의 표정에서 이 같은 마음을 읽어낼 수 있었다. 어머니의 성격을 누구보다도 잘 알고 있는 나는 이런 엄마의 마음을 충분히 이해할 수 있었으니까. 어머니께서 깨어나신

무엇이 우리를 아프게 하나

다 해도 수족이 불편하게 될 것으로 어머니 스스로 판단하신 상황에서 더 이상 자식들에게 부담을 주지 않겠다는 의지가 어머니의 얼굴에 짙게 배어 있었다. 아직 시집 장가도 보내지 못한 삼 남매만을 남겨두고 어떻게 먼저 하늘나라로 가실 수 있으셨는지, 아마 어머니의 마음은 천 갈래 만 갈래 찢어지셨을 것이다.

입원하시기 며칠 전으로 기억한다. 어머니께서는 자신의 운명을 미리 예감이라도 하셨는지 내게 이런 말씀을 하셨다.

너희들 일이 왜 이렇게 잘 풀리지 않는지 모르겠다. 내 죄가 많아서 그런가? 내가 죽은 후에라야 너희들이 잘되려는가 보다.

자신이 죽어서라도 자식들이 잘 될 수만 있다면 그리하시겠다는 말씀 아닌가! 나는 지금도 어머니의 이 말이 비수가 되어 내 가슴에 꽂혀있다.

하나님 나라로 가실 때까지 마음 편하게 해드리지 못한 불효의 죄를 어찌 용서받을 수 있을지. 만일 그때 어머니께서 회복되어 지금까지 살아 계셨던들 과연 내가 어머니를 더 행복하게 해드릴 수 있었을까? 얼른 대답하기에 망설여질 수밖에 없어 부끄러운 마음이 먼저 앞선다. 어떠한 미사여구로도 어머니에 대한 그리움을 다 표현해낼 수는 없을 것이다. 천국에 가서 다시 뵐 수 있기만을 하나님께 간절히 기도드리는 것 말고는 지금 내가 할 수 있는 일이 무엇이 있겠는가!

그리움 만 한없이 더 깊어져 가는 사랑하는 나의 어머니! 그냥 "엄마" 하며 목 놓아 소리 질러 외치고 싶다.

보고픈 엄마! 내가 백발이 성성해 진다 해도 나의 마음속 어머니는 언제나 한결같이 인자하시고 어여쁜, 젊은 아낙네 바로 그 모습이십니다.

파란 눈의 사랑

우리 형제 육 남매 중 내게 누나가 세 분계신데 바로 위에 나보다 5살 위인 누나가 있다. 누나는 1979년 결혼하여 1980년에 프랑스 파리로 가셨으니까 벌써 많은 세월이 흘렀다. 매형은 파란 눈의 프랑스 분이시다. 지금은 아주대학교로 학교명이 바뀌었지만, 당시는 아주공대였고 매형은 이 대학에서 교환교수로 재직 중이셨다.

매형이 누나를 만나게 된 사연을 보면 그냥 우연 같아 보이지만 결코 우연은 아닐 거라는 생각이 든다. 누나는 자신이 근무하는 회사에서 매형을 처음 만나게 되었는데 매형은 며칠에 한 번씩 누나를 만나기 위해 회사를 찾으셨다고 한다. 올 때마다 초콜릿도 갖다주고 외국인으로서는 드물게 쪽지에 글도 써서 건네주시곤 하셨단다. 어느 날인가 누나는 어머니께 이 같은 정황을 말씀드리고 매형을 집으로 초대하여 어머니께 인사를 드리기도 하였는데 다음날 어머니께서 누나에게 하시는 말씀이,

너는 어쩌면 외국인과 결혼하게 될지도 몰라. 너를 임신했을 때의 태몽 꿈을 생각해 보면 그런 생각이 들어.

그러나 어머니는 이 말씀만 남기시고 정작 누나의 결혼식은 못 보신 채 세상을 떠나셨다. 인사동 소재 수운회관에서의 결혼식은 내가 마치 누나를 시집보내는 양 행사를 주관했다. 당시 매형 측 참석 하객은 한국 내 프랑스 지인들이었는데 대부분 주한 프랑스 대사관 직원들과 아주대학교 동료 교수님들인 것으로 알고 있다.

누나는 결혼 후 아주대학교 구내 외국인 교수 사택에 사셨고 나는 자주 놀러 가곤 하였다. 언제인가 누나 집을 방문 했을 때 마침 파티가 열리고 있었다. 자신들끼리는 프랑스어로 대화를 나누고 있었지만 내가 소외감을 느낄까봐서 인지 매형은 나에게 무척 신경을 쓰고 계신 것 같았다. 매형은 자신들의 대화 내용을 일일이 나에게 영어로 통역을 하여 전해주기도 하셨는데 단순히 나에 대한 배려라고 생각하기에는 매형의 따뜻한 마음씨가 너무 아름답게 다가와 왠지 모를 가슴 뭉클함 마저 느껴졌다.

매형은 너무도 자상하시고 섬세한 분이셨다. 항상 남을 먼저 배려해주시는 성품이 특히 돋보였고 주위 분들로부터도 많은 사랑을 받고 계셨다. 누나 말로는 매형이 나하고 매우 비슷한 점이 많다고도 하셨다. 자동차와 오

무엇이 우리를 아프게 하는가

디오를 좋아하고 또 음악 감상과 요리하는 것을 좋아하는 취미며 아무튼 평소 관심사나 행동하는 것을 보면 그리 생각된다는 것이다. 매형이 나와 비슷한 품성을 갖고 계셔서인지 나도 역시 매형을 무척 좋아했다. 나는 매형을 통해서 프랑스 문화를 많이 접할 수 있었고 문화적으로 성숙하다는 것이 경제적인 수준과 상관없이 우리의 삶에 진정한 행복을 가져다주는 요소라는 것도 이때 절실히 깨닫기도 한 것 같다.

우리나라의 민족적 지도자로 존경받고 계시는 백범 김구 선생님께서도 자신이 쓴 "백범일지"의 "내가 원하는 우리나라"라는 제목의 글에서 다음과 같이 설파(說破)하시지 않았는가!

나는 우리나라가 세계에서 가장 아름다운 나라가 되기를 원한다. 가장 부강한 나라가 되기를 원하는 것은 아니다. 내가 남의 침략에 가슴 아팠으니 내 나라가 남을 침략하는 것을 원치 아니한다. 우리의 부(富)는 우리생활을 풍족히 할 만하고 우리의 힘은 남의 침략을 막을 만 하면 족하다. 오직 한없이 가지고 싶은 것은 높은 문화의 힘이다. 문화의 힘은 우리자신을 행복하게 하고 나아가서 남에게도 행복을 주기 때문이다. 나는 우리나라가 남의 것을 모방하는 나라가 되지 말고 이러한 높고 새로운 문화의 근원이 되고, 목표가 되고, 모범이 되기를 원한다. 그래서 진정한 세계의 평화가 우리나라에서 우리나라로 말미암아 세계에 실현되기를 원한다.

결국 앞으로 우리나라의 모습이 미국처럼 경제적으로 부강한 나라가 되거나 또는 러시아나 중국처럼 군사적으로 강대국이 되는 것보다도 먼저 문화적으로 성숙한 나라가 되기를 바란다는 말씀이지 않겠는가! 일제 식민통치로부터 해방된 직후 우리국민 모두가 먹고 살기에도 급급했던 당시에 어느 누가 이 같은 차원 높은 문화인식을 진정으로 이해할 수 있었겠는가! 국가의 백년대계를 내다보고 계셨던 민족적 지도자로서의 깊은 고뇌를 얼핏 엿 볼 수 있는 좋은 예가 아닌가 싶다. 문화 및 영화강국임을 스스로 자부해 왔던 프랑스인들을 순간 당황스럽게 만든 사건(?)이 최근 있었다. 동양 최초로 오스카상을 석권한 영화 "기생충"의 감독 봉준호씨가 바로 그 장본인(張本人)이다. 또한 세계적인 K-POP 가수 "방탄소년단(BTS)"과 역시 세계적인 축구스타 "손흥민", 그리고 한글과 한국음식 등, 작금 한류문화의 세계화 과정을 지켜보며 당시 백범 김구 선생님의 말씀이 더욱 가슴 깊이 새겨진다.

누나는 결혼식을 올린 이듬해 매형을 따라 파리로 떠나셨다. 나는 공항에서 한 살 된 딸 안느를 안고 혼자 탑승구로 향하시는 누나를 배웅하고 돌아오는 차 안에서 무척이나 울었다. 매형이 애지중지 즐겨 타시던 '푸조 404'를 내게 주고 가셨는데 차 안에서 어찌나 울었던지 눈물이 채 마르지도 않았는데 차는 벌써 서울에 도착하고 있었다.

그날따라 왜 그리 슬펐을까? 가슴속 깊은 곳에서부터 솟아 나오는 서러움이 울음이 되고 또 눈물이 되어 두 볼을 타고 흘러 내렸다. 어머니께서

무엇이 우리를 아프게 하는가

돌아가셨을 때도 이리 슬프게 울지는 않았던 것으로 기억한다. 어쩌면 어머니께서 돌아가신 지 얼마 지나지 않았을 때여서 어머니를 잃은 설움까지 겹쳐진 슬픔 때문이었을 것이다. 지금 돌이켜 보면 당시에 이런 슬픔과 고독을 어떻게 견뎌낼 수 있었는지 몇 번을 다시 생각해 봐도 감회가 새롭다.

누나의 파리 생활은 처음에는 무척 힘드셨다고 한다. 어느 땐 삶의 의욕을 상실할 정도로 우울증에 시달리기도 하셨는데 한국외환은행 파리지점에 근무하시게 된 후부터 안정을 찾으실 수 있었다고 하신다. 아는 사람 하나 없는 이국 만 리에서 고국에 대한 향수병을 극복하기가 그리 쉬우셨겠는가! 당시의 누나 심정이 이해되고도 남는다.

나는 1988년 3월 아내와 결혼하였다. 누나가 결혼식을 올린 수운회관에서 식을 올렸는데 나의 결혼을 위해 누나는 신부에게 건넬 결혼예물을 파리에서 준비하여 인편으로 보내주셨다. 작은 것이긴 하지만 다이아몬드 반지와 오메가 시계 그리고 귀걸이, 목걸이, 팔찌 등 어쩌면 누나는 내게 있어 보호자였고 또 후견인이었다.

아내 생각도 나와 같아서인지 시누이로서 우리 누나를 무척 좋아한다. 서로 코드가 딱 맞는다고나 할까? 아내는 그동안 자신이 모아 애지중지하며 가지고 있던 액세서리 등을 조카인 안느에게 자주 보내주곤 했다. 안느는 자신이 좋아하는 것이 무엇인지를 외숙모만이 가장 잘 안다며 외숙모를 최고의 멋쟁이라고 자주 추켜세우기도 하였다. 아내는 또 누나의 옷맵시 등이 너무 촌스럽다면서 나름대로 세련된 옷가지 등을 구입하여 누나에게 가끔 보내 드리기도 하였고 누나 역시도 아내가 특히 좋아하는 초콜릿과 내가 좋아하는 각종 치즈는 거의 부족함이 없을 정도로 늘 조달해 주셨다.

누나는 동생들 일이라면 항상 발 벗고 나섰다. 자신을 위해서는 무척 엄격하고 검소하시지만, 동생들을 위한 일에는 너무나 헌신적이셨다. 내가 그동안 누나로부터 받은 사랑을 어찌 말로 다 표현할 수 있으랴!

1986년 당시 내 동생은 고등학교에서 독일어를 가르치고 있는 선생님이었다. 이런 동생이 안쓰러웠던지 외국에 유학하여 더 공부할 생각이 있으면 자신이 학비를 보내줄 테니 유학을 가라는 것이었다. 나는 다소 망설이는 동생에게 좋은 기회가 될 수 있는 것 아니겠냐며 유학하여 더 공부할 것을 권했다. 이 같은 결정이 앞으로 누나에게 얼마나 큰 부담이 될 수 있는 것인지 조차도 모를 정도로 동생과 나는 당시에 너무 철이 없었다. 만일 그때 내가 유학을 만류했다면 동생은 아마 유학길에 오르지 않았을 것이다.

'철'은 '계절' 또는 '절기'를 의미한다. 우리는 흔히 생각이 깊지 못한 사람을 가리켜 "철이 없다"라고 표현하기도 하는데 여기서 "철이 없다"라는 말은 계절을 모른다는 의미로 해석해야 한다. 농부가 계절을 모르면 어떻게 농사를 잘 지을 수 있겠는가! 봄, 여름, 가을, 겨울의 절기에 따라 해야 할 일들이 정해져 있을 것이다. 아직은 겨울인데 날씨가 좀 따뜻해졌다고 해서 봄이 온 줄 착각하여 밭에 나가 씨앗을 심으면 모두 얼어 죽고 말 것이다. 인생에도 계절이 있다고 나는 생각한다. 자신의 삶에만 내재하여 있는

무엇이 우리를 아프게 하는가

인생의 고유한 계절을 깨달아 안다는 것! 인간에게 있어서 이것만큼 더 중요한 일이 또 어디 있겠는가! 마음에 새길수록 깊이가 더 크게 느껴진다. 철이 없었던 시절의 내 모습에 마냥 부끄러움부터 앞서는 마음은 어쩌면 당연한 현상일 것이다.

이후 동생은 1년 정도 독일문화원에 다니며 유학을 준비하였고 독일 레겐스부르크 대학교(Regensburg University) 법과대학에 입학허가를 받아 1987년 9월 독일로 떠났다.

동생이 독일로 떠난 후 몇 달 동안 나는 거의 정상적인 생활을 하지 못했다. 누나를 파리로 떠나보낼 때와는 또 다른 고독과 외로움이 엄습해 왔는데 술기운 없이 잠을 이룰 수 없는 고통이 한동안 계속되기도 하였다.

동생은 독일로 가기 전 파리 누나한테 먼저 들렸고 파리에서 독일 레겐스부르크 대학까지 매형이 직접 승용차로 데려다주었다고 한다. 당시 누나 자신도 파리에서의 생활이 빠듯하셨을 텐데 어느 누가 다 큰 동생의 유학경비를 부담하겠다고 감히 나설 수 있겠는가! 나는 이런 누나가 경이롭게 느껴진다. 아니 어쩌면 존경스럽다고 표현하는 것이 더 적절할지도 모르겠다.

호사다마(好事多魔)라는 말이 있다. 좋은 일에는 불행한 일도 함께 따라온다던가! 어느 날 파리에 계신 누나에게서 직장으로 국제전화가 걸려왔다. 누나는 떨리는 목소리로 울먹이며 말을 이어갔다.

장루이가 돌아가셨어.

매형 성함이 장 루이스 마릴인데 애칭으로 장루이라고 늘 상 부르곤 하였다. 나는 잠시 말을 잊었고 머릿속이 텅 빈 것처럼 아무 생각도 나지 않았다. 누나에게 어찌 이런 일이 발생한 것인지 도무지 이해되지 않았다.

매형은 집안에서 가스 사고로 돌아가셨다고 한다. 나는 누나와 무슨 말을 나누고 어떻게 전화를 끊었는지도 모른다. 퇴근 후 집에 들어서자마자 나는 아내를 부둥켜 안고 그냥 한없이 엉엉 울었다. 누나를 공항에서 파리로 떠나보낼 때와는 비교할 수도 없는 슬픔이 마치 쓰나미처럼 가슴 중앙을 향하여 무섭게 밀려오는 듯했다. 한참을 울고 난 후에야 나는 아내에게 자초지종을 설명할 수 있었다.

누나가 가여워서 어떻게 하나! 가련한 누나! 그냥 심장까지도 멈춰 버릴 것 같은 고통이 폐부를 파고 들었다. 무능한 나는 불쌍한 누나를 위해 어떤 도움이라도 되어 줄 수가 없었다. 그저 누나가 이 시련을 잘 견뎌 주시기만을 바라면서 하나님께 기도드리는 것밖에는 달리 내가 할 수 있는 일이 무엇이 있었겠는가!

매형이 하늘나라로 가신지 몇 년 후 아내와 나는 파리의 누나 댁을 방문하였다. 우리는 누나에게 매형의 유골이 안치된 묘소에 가보고 싶다고 했고, 누나가 운전하는 승용차를 타고 파리 근교의 공원묘지를 찾았다.

이상한 것은 묘지에 갈 때까지만 해도 날씨가 무척 좋았는데 우리가 공원묘지 정문에 도착하자 바람이 조금씩 불면서 가랑비가 부슬부슬 내리기 시작했다. 우리는 차에서 내려 우산을 받쳐 들고 매형의 묘소로 향했다. 우리가 우산을 든 채 매형의 묘소 앞에 다가서자 갑자기 회오리바람 같은 돌풍이 일더니 우리가 쓰고 있던 우산을 뒤집어 버리는 것 아닌가! 우리는 섬뜻한 마음에 그곳에 더 오래 머물지 못하고 돌아섰는데 우리가 묘지 정문을 빠져나오자 날씨는 언제 그랬느냐는 듯 정상을 되찾아 햇볕이 내리쬐고 있었고 묘지 반대편에는 쌍무지개까지 피어올라 있었다. 마치 매형께서 우리가 찾아온 것을 아시고 자신의 반가운 마음을 이런 방식으로 표현하신 것 같다는 생각마저 들었다.

천지자연은 정말 우리가 이성적으로는 이해할 수 없는 어떤 신비스러움을 간직하고 있는 것이 틀림없어 보인다. 영혼은 정말 있는 것일까? 나는 우주 만물을 창조하신 하나님을 믿는다. 하나님은 살아계셔 지금도 우리의 모든 삶을 주관하고 계실 것이다. 나는 천국에서라도 매형을 꼭 다시 만날 수 있다고 확신하고 있다.

보고픈 매형! 그토록 사랑하는 아내와 어린 딸만을 남겨둔 채 어떻게 혼자서만 영원히 먼 곳으로 떠나실 수 있으셨는지, 그날의 안타까운 마음이 뼈에 사무쳐 그냥 눈물이 왈칵 쏟아져 내린다.

누나에게는 외동딸이 하나 있다. 누나는 딸을 의지하면서 지독한 외로움을 극복하고 꿋꿋하게 살아오실 수 있었을 것이다.

딸의 이름은 앤 후로랑스 숙영, 마릴이다. 마릴은 성이고 이름에 숙영을 넣었다. 숙영은 우리 어머니 성함인데 어머니에 대한 그리움 때문에 딸 이름에 어머니의 성함을 끼워 넣은 것이다. 애칭은 안느라고 부르고 지금은 의사가 되었다. 프랑스에서 포도주 산지로 유명한 보르도에서 병원을 경영하며 안과의사로 근무하고 있다. 누나 역시도 파리에서 보르도로 이사한 후 그곳의 미술학원에 다니며 화가의 꿈을 키워가고 계신다. 60대를 훨씬 넘어선 고령임에도 불구하고 머지않아 전시회도 가질 계획이라고 하시니 그저 놀라울 뿐이다.

누나야말로 형제 어느 누구로부터도 도움을 받아 본 적이 없다. 오직 누나 혼자서 자신의 문제를 스스로 해결해 왔고 못난 동생들 뒤 봐주느라 그동안 고생도 많이 하셨다. 이런 누나의 은혜에 보답할 날이 과연 있을는지. 누나에 대한 그리움에 문득 詩 한 수가 떠오른다.

아빠와 엄마는
고향 산소에 있고

형과 누이는
멀리에 있는데
여비가 없어
가지 못한다.

여비가 없으면
나는 영영 가지도 못하나

무엇이 우리를 아프게 하는가

아아 ---

인생은 얼마나 깊은 것인가!

내게 있어 누나에 대한 그리움은 한이 없다. 이국 멀리에 홀로 남겨진 누나! 그간의 지독한 외로움과 고독을 과연 어느 누가 이해할 수 있겠습니까?

그리운 누나!

당신에게 다시 한번 응원의 큰 박수를 보냅니다. 그리고 우리 모두는 진정 당신을 사랑합니다.

The better half

내가 아내를 처음 만난 곳은 당시 삼성동에 있었던 그랜드호텔 커피숍에서다. 자그마한 키, 단발에 가까운 헤어스타일은 언뜻 보기에 당차 보였으며 특히 그녀는 눈이 예뻐 보였다.

남녀가 처음 만나 식사를 같이하면 결혼이 성사되지 않는다는 속설이 난무할 때 인지라 우리는 1층 커피숍에서 차를 한 잔씩 마신 후 식사는 거르기로 서로 합의하고 호텔 스카이라운지 카페로 다시 자리를 옮겼다. 그만큼 대화가 진지했던 것일까? 처음 만남이었지만 대화를 나눌수록 나는 아내의 매력에 점점 더 매료되어 갔다. 이때처럼 상대방의 이야기에 심취되어 집중력을 발휘해 본 적도 없었던 것으로 기억한다. 우리는 보통 사람들의 일상의 관심사며 가치관 그리고 삶의 궁극적인 목적 등에 대해 서로 간 공감대가 형성되어 갔고 나는 더 이상 내 감정을 감추지 못하고 속마음을 털어놓을 수밖에 없었다.

갑숙 씨! 나는 평소 결혼에 대해서만큼은 나름대로 원칙을 세워 놓고 살아왔습니다. 건방진 말로 들릴 수도 있겠지만 나에게 청혼

무엇이 우리를 아프게 하는가

할 대상이 생기면 상대방 생각이 어떻든 꼭 결혼하려고 합니다. 그리고 일단 결혼을 하고 나면 내 백과사전에 이혼이라는 단어는 없습니다. 오늘 갑숙 씨를 처음 만났지만 저는 갑숙 씨와 결혼할 결심을 했습니다. 조만간 갑숙 씨 부모님도 찾아뵙고 결혼 승낙을 받겠습니다. 지금은 내 말이 믿어지지 않겠지만 그러나 결과는 아마 같을 겁니다.

나는 그때 무슨 정신으로 이런 엄청난 말들을 겁도 없이 그냥 쏟아냈는지 지금까지도 미스테리(mystery)로 남아있다. 무엇인가에 홀린 탓일까?

그러나 아내는 까만 눈을 반짝이며 그냥 웃고만 있었다. 좋다는 것인지 싫다는 것인지 그저 담담한 표정이다. 더 늦기 전에 빨리 결혼을 시켜야겠다는 부모님의 성화에 못 이겨 아내가 그동안 만나본 사람만도 수십 명이 넘는다고 하니 그 고통이 오죽했으랴! 나도 아내보다 못하지는 않았지만, 결혼을 채근하시는 부모님이 안 계신 탓에 그래도 아내보다는 형편이 낫구나 하는 생각마저도 얼핏 들었다.

아내는 서울에서 대학을 마친 후 뒤늦은 감은 있지만 보건행정학을 전공하려고 미국에 유학하였다. 그러나 예과만 마친 후 중도에 포기하고 이후 3년 동안 다른 분야의 자격증을 몇 개 따가지고 한국으로 돌아왔다. 귀국 후 일본 화장품회사에 근무하던 중 나를 만나게 된 것이다.

아내와 내가 세 번째 인가 만나기로 약속한 어느 토요일 오후, 소공동 롯데호텔 1층 Peninsula에서 나는 약속 시간 30분 전에 도착하여 버트런드 러셀의 'Conquest of happiness'를 읽으며 기다리고 있었다.

그러나 약속시간보다 1시간이 훨씬 넘어서고 있는데도 아내가 도착하지 않아 걱정되는 마음에 집으로 전화를 했다. 어머님께서 받으셨는데 토요일이라 그런지 택시를 잡지 못해 아내가 울상이 되어 다시 집으로 돌아왔다는 것이다. 그런데 마침 아버님께서 퇴근하여 집에 막 오신 터라 그 차를 타고 방금 다시 출발했으니 그곳에 곧 도착할 거라는 말씀이시다. 어쩌겠는가! 기다리는 수밖에. 약속시간 보다 3시간 정도 늦었으나 그래도 아내는 당당한 표정을 하며 커피숍으로 들어섰다. 그때 나는 환한 미소로 아내를 맞이했던 것으로 기억한다. 아버님의 기사분은 오는 길에 아내에게 이렇게 말했다고 한다.

만일 그분이 지금까지 기다리고 있으면 무조건 그분과 결혼하세요. 그 정도의 인내심이면 능력도 있는 사람일 거고 또한 아가씨를 좋아하는 것이 틀림없습니다.

무엇이 우리를 아프게 하는가

민 기사가 아내를 조금은 부추긴 것 같다는 생각도 든다. 이런 고무적인 말을 듣고 왔는데 나마저 온화한 미소를 지으며 반갑게 맞이하였으니 당시 골드미스(Gold Miss)의 심정이 어떠했겠는가! 만일 그때 아내가 오고 있는 중이라는 사실을 몰랐어도 내가 3시간 이상을 기다릴 수 있었을까? 하마터면 큰일 날 뻔했다는 생각이 들자 아찔한 마음에 식은땀까지 쭉 흐른다.

지금도 아내와 나는 당시 이야길 가끔 하면서 서로 쳐다보고 멋쩍게 웃곤 한다. 나는 이런 아내와의 인연이 하나님의 섭리로 믿어지며 지금도 내 삶 속에서 살아 역사하고 계시는 하나님께 그저 감사할 뿐이다.

연말도 되고 하여 모처럼 아내에게 맛있는 저녁이라도 사주고 싶었던 터에 마침 회사에서 연말 보너스가 나왔다. 당시 나는 데이트에 큰 재미를 붙이고 있었던 터였고 조선호텔 지하 1층에 있는 'Yesterday'에서 만나기로 약속을 한 후 기다리고 있었다. 나는 약속 전날 현장 답사까지 마치고 앉을 자리까지도 미리 보아두었는데 이런 정성을 아는지 모르는지 아내는 자리에 앉자마자 다소 퉁명스럽게 말을 던졌다.

석봉 씨는 평소에도 이런 호텔에서 식사하는 것을 좋아하시나요? 저도 가끔은 럭셔리한 분위기를 즐기긴 하지만 오늘은 여기보다 오히려 그냥 마음 편하게 먹을 수 있는 어디 된장찌개 집 같은 곳이 더 낫지 않을까요?

당시 나의 재정 형편이 별로라고 알고 있었던 아내는 나름 예의를 갖춰

건넨 말이었지만 순간 나는 당황스러웠다. 그렇다고 구구하게 내 생각을 변명처럼 늘어놓을 수도 없는 노릇 아닌가!

우리는 잠깐 말없이 그냥 앉아 있었다. 순간 두 사람 사이에 묘한 긴장감마저 흘렀지만 나는 웨이터를 불러 커피를 두 잔 시키면서 분위기를 바꿔보려고 했다. 우리는 서로 말없이 커피 잔 만을 후딱 비운 후 서둘러 그곳을 빠져나왔는데 덕분에 경비는 굳었지만, 기분은 왠지 씁쓸했다.

예전부터 카페 같은 분위기를 좋아했던 나였지만 사실 나는 막걸리 향내 나는 그런 구수한 분위기를 더 좋아한다. 후미진 골목 어귀 허름한 선술집에서 돼지고기를 굵직하게 썰어 넣어 요리한 두부김치 찌개를 안주 삼아 시원한 동동주라도 한잔 기울일 양이면 그 술맛이 더 맛깔나게 느껴지기도 했었으니까.

해가 석양에 걸려 넘어가면서 어둠이 막 쏟아지고 있는 저녁 무렵, 나는 아내와 같이 하숙집 골목 입구의 포장마차로 향했다. 여기는 나 혼자서도 집에 오는 길에 자주 들리곤 했던 곳이다. 포장마차 주모께서 죽방멸치를 잘 우려낸 육수 국물에 갖은양념을 넣어 정성스럽게 말아준 잔치국수의 맛은 아내와 나의 다소 까다롭던 입맛을 사로잡기에도 충분한 수준이었다.

우리는 결혼 후에도 그때의 감칠맛이 생각나서 몇 번이나 다시 그 포장마차를 찾곤 했었다. 우리가 한동안 분당에 살았을 때도 정자역 인근에 있는 포장마차에서 떡볶이, 어묵 그리고 새우나 고구마튀김 등을 사 먹곤 했는데 어쩌면 이렇게 구수한 입맛까지도 비슷한지 아무리 생각해 봐도 천생

무엇이 우리를 아프게 하는가

연분임에는 틀림이 없어 보인다.

사실 아내에게는 독특한 멋이 있다. 평범한 것 같으면서도 결코 평범해 보이지 않는 옷맵시며 또한 빠리지앵(Parisienne)처럼 세련된 것 같으면서도 한편으론 시골 아낙네처럼 구수한 유머까지도 구사할 줄 아는 매력 있는 골드미스(Gold Miss)였다. 당시 아내와 나는 이렇듯 서로의 멋을 경쟁하듯 뽐내가며 결혼을 향해 달려가고 있었다. 때로는 여러 난관도 있었으나 우리는 이를 용감하게 돌파하고 아내와 나는 결혼식을 올렸다. 서로가 혼자서 살아온 세월이 다소 많긴 하였지만 그래도 서로를 이해하는 데까지 걸린 시간은 그리 길진 않았다. 그래서인지 아내와 나는 지금껏 서로 크게 다투어 본 적은 없다. 아내가 다소 예민한 탓에 가끔 투정을 부리기도 하지만 그런 아내가 내게는 마냥 귀엽게만 느껴졌으니까. 이런 것을 사랑이라고 하는 것 아닐까?

일반적으로 볼 때 사람과 사람 사이의 관계에서는 서로 간 권리와 의무가 동시에 존재한다. 그러나 가족이라는 관계는 상호 권리보다는 상대방에 대한 의무가 더 강조되는 관계라고 보아야 한다. 특히 가부장제 사회에서의 가장들에게는 아내와 자식에 대한 무한대의 의무만이 존재한다고 이해하는 것이 보다 더 합리적인 해석일 것이다. 그러나 강요된 의무가 아닌 이런 거룩한 의무감은 사랑에 그 바탕을 두어야 한다. 가족 상호 간 사랑이 전제되지 않은 의무감만으로는 건전한 가정을 유지할 수 없을 뿐만 아니라 진정한 의미의 행복감도 맛볼 수 없기 때문이다. 여기서 말하는 거룩한 의무감이란 우리의 영혼이 온전히 하나님의 다스림 안에 있을 때 갖게 되는 그런 의무감 아닐까?

아내와 결혼한 이후 우리에게는 굵직한 사건들도 많았다. 사랑하는 많은 사람들이 우리 곁을 떠나 먼저 하늘나라로 가셨고 기쁨의 환희보다는 오히려 슬픔과 고독이 더 짙게 드리웠던 그런 세월의 강을 우리는 서로를 굳게 믿으며 상대의 손을 꼭 잡고 조심스럽게 건너고 있었다.

아내와의 결혼식을 앞두고 주례를 부탁드릴 요량에 나는 평소 존경하던 전 고려대학교 김준엽 총장님을 댁으로 찾아뵈었다. 총장님께서는 매우 미안해하시면서 총장님의 원칙이 평생 주례를 서지 않는 것이라고 말씀하셨다. 학문하는 사람으로서 제자들도 많고 한데 주례에 대한 책임감도 있긴 하지만 주례를 맡기 시작하면 연구는 언제 하며 또 글은 언제 쓸 수 있겠느

무엇이 우리를 아프게 하는가

냐는 것이다. 당시 동아일보 사장님 자제분의 결혼식 주례도 부탁을 받았는데 이를 받아주시지 못해 그쪽에서 매우 섭섭해하셨을 거라는 일화도 말씀해 주셨다. 총장님께서는 주례는 못 해주시더라도 결혼예식에는 꼭 참석하시겠노라고 하시며 유익한 덕담도 많이 들려주셨다. 결혼식장에서 총장님을 뵈니 반가운 마음에 눈가에는 금세 눈물까지 고여 났다. 학교 제자들에 둘러싸여 밝게 웃으시던 총장님 모습에 대한 그리움이 지금도 여전히 물밀 듯 몰려오곤 한다.

신혼여행을 다녀온 후 아내와 나는 인사도 드릴 겸 총장님 댁을 다시 찾았다. 바쁘신 중에도 결혼식에까지 참석해 주신 고마움에 조그만 손지갑을 준비하여 선물로 드렸는데 얼마 후 총장님으로부터 전화가 걸려 왔다. 우리가 선물한 지갑에 100불짜리 지폐 한 장 들어 있다는 것이다. 부자가 되시라는 의미로 지갑에 고액지폐 한 장 정도를 넣어 선물하던 시절이긴 하였으나 어찌나 죄송스러웠던지 부끄러운 마음에 몸 둘 바를 몰랐다. 시국이 어수선하여 학생데모가 한창이던 당시, 총장님은 교내 학사관리 문제가 정부 측과 부딪치면서 스스로 총장직을 사퇴하셨다.

이후 노태우 대통령이 취임하시게 되어 우리 사회에 민주화 바람이 불었고 총장님은 정부로부터 국무총리 제안을 받았으나 이를 거절하시느라 입술이 부르트기도 하셨다.

늘 친 부모님처럼 자상하시고 다정다감하셨던 총장님! 항상 고마운 마음을 가슴속 깊이 간직하고 있었으면서도 생전에 자주 찾아뵙지 못한 불충을 용서 바랍니다.

나는 2000년 4월 고향인 청주에서 국회의원에 출마하였다. 이때 아내는 낯선 청주에 내려와 아는 사람이라고는 큰 시누이 한 분밖에 없는 타지에서 선거운동 하느라 많은 고생을 했다. 아내에게는 전혀 체질에 맞지 않는 역할이었지만 불평 없이 잘 적응해 주었다. 지금 생각해 보면 너무 혹독한 고생을 시킨 것 같아 아내에게 미안할 뿐이다.

선거 개표 다음 날 아침 당 사무실에 나가 그동안 고생을 같이해온 당원 동지들에게 수고했다는 인사말을 건넨 후 아내와 나는 강릉 경포대로 향했다. 당시 내 호주머니에는 당 대표로 계신 김용환 의원님께서 선거격려금으로 보내주신 금일봉만이 남아있었다. 선거에 사용된 비용과 비교하면 소액이라고 할 수도 있겠지만 김 의원님 당신도 선거를 치르며 어려움이 많으셨을 텐데 이 같은 애정 어린 배려에 새삼 가슴 뭉클함이 느껴졌다. 그러나 이 돈이라도 없었으면 당시에 우리 부부는 서울에 올라갈 여비도 없을 형편이었으니 선거를 한 번이라도 치러본 경험이 있는 사람이라면 아마 이런 나의 사정을 조금은 이해할 수 있을 것이다.

선거가 끝난 후 나는 KT 명예 퇴직자 수천 명이 투자에 참여하여 설립한 회사에 대표이사로 취임하였다. 당시 내가 KT 명예 퇴직자 협의회 회장으로서 회사설립을 주도한 때문이기도 했다.

공교롭게도 나의 시련은 이때부터 시작되었고 그동안 재정적으로 큰 어

려움을 겪어보지 못했던 우리에게는 너무나도 가혹한 시련이 아닐 수 없었
다. 그러나 아내는 고난 중에 더욱 빛을 발하는 횃불이었으며 끝까지 나를
믿어주었고 우리에게 몰아닥친 시련을 견뎌내기 위해 최선을 다해주었다.
내가 회사 문제로 인해 여러 가지 큰 어려움을 겪을 때도 아내는 성심을 지
켜가며 초연한 모습을 잃지 않았다.

　고난의 중심에 놓여 있던 당시, 아내는 자신의 마음을 담은 글 한 편을 내
게 건네주었는데 이 글을 읽는 내내 나의 심장은 갈래갈래 찢겨 조각구름
이 된 채 저 무한한 허공을 향해 그냥 한없이 흩어지는 느낌이었다.

　여보!

　우리의 삶을 주님께 온전히 맡기고 정말 새롭게 태어나자. 이렇게는 안 돼.
잘되도록 열심히 기도할게. 이건 아니야 정말 이건 아닌 거야 여보!

당신을 얼마나 믿고 남편의 존재가 아닌 한 사람의 인격체로도 얼마나 존경하고 사랑하고 이해하려고 노력하며 지난 몇 년간 최선을 다했는데 ----

인내를 온전히 이루시려는 하나님의 뜻으로 알고 이를 악물고 견뎌내려고해. 당신도 열심히 기도하면서 우리 삶의 마지막 부분, 하나님의 뜻이 무엇인지 간구해봐.

우리가 무엇 때문에 이렇게 사는 거야? 당신 같은 사람이 왜 이렇게 사는거야? 정말 이렇게 해서는 안 돼.

하나님은 우리가 이렇게 세상에서 자기를 버리지 못해 수렁으로 자꾸 빠져들어 가는 삶을 원치 않으셔.

우리 돈, 명예, 자기 욕심, 하나님 일 멋지게 하고 싶다는 자기의 교만, 다 버리고 하나님께 주변 정리 도와 달라고 기도해야 될 것 같아.

당신 같은 좋은 사람 만나게 해주신 하나님께 감사해. 이제 정말 아무것도 필요 없어. 주님만 바라보고 살자.

나는 지금도 눈물 자국이 누렇게 얼룩져 배어있는 이 글을 가끔 꺼내 읽곤 한다. 당시 아내가 느꼈을 그 처절한 절망감! 그리고 현실적 좌절에 대한 애통함! 그때 아내의 절망과 좌절 그리고 가슴 시린 슬픔은 나의 애절한 슬픔이기도 하였다. 벼랑 끝에서 느꼈던 우리의 비통한 심정을 과연 어느 누가 이해할 수 있겠는가! 영적인 전투를 가장 치열하게 치르고 있던 시절, 나는 이때 마음의 심연에서 울려 나는 영혼의 신음까지도 들을 수 있었고 또 이해할 수 있었다. 이때 우리를 향한 사탄의 공격은 극에 달했고 우리

무엇이 우리를 아프게 하는가

부부는 백척간두(百尺竿頭)에 홀로 서 있는 느낌이었다.

그러나 아내와 나는 서초동 '사랑의교회'에 다니며 상처 난 심령을 어느 정도 위로받을 수 있었다. 우리의 상처는 오직 하나님의 가슴에 우리의 영혼을 접목시킬 수 있어야 만이 치료받을 수 있다는 오정현 담임목사님의 설교 말씀은 마치 우리 부부만을 위해 들려주시는 것 같은 느낌이었다.

당시 목사님께서도 이런저런 일들로 인해 마음이 무척 무겁고 아프신 상황이었지만 목사님께서는 오직 하나님께로만 모든 시선을 집중하고 그 어려운 시련을 도리어 축복으로 반전 시켜 내셨다. 두 눈 가득 고인 뜨거운 눈물을 머금은 채 들려주신 담임목사님의 주옥같은 설교 말씀! 이를 듣는 내내 우리 부부의 두 눈 역시도 항상 붉게 물들곤 하였다.

출애굽의 리더로서 "이 백성을 내가 낳았습니까?"라며 하나님께 절규했던 모세! 당시 모세가 그랬듯, 지도자로서 남들 앞에 선다는 것! 그리고 더 나아가 진정으로 남을 섬긴다는 것! 직접 경험해 보지 못한 사람이 어찌 그 깊은 고뇌를 이해할 수 있겠는가!

지난 몇 년간 담임목사님께서 느끼셨을 좌절과 절망감은 '사랑의교회' 모든 성도들에게도 역시 가슴 시린 아픔이요 슬픔이었을 것이다. 그러나 목사님께서는 "고난은 하나님의 변장 된 축복"이라는 스캇 펙의 말을 마치 검증이라도 하시려는 듯, 이를 목회 현장에서 직접 증명해 보여주셨다. 목사님께서도 매우 어려우신 상황에서 들려주신 '내 인생의 소중한 시기를 다윗과 함께'라는 주제의 '다윗 강해'시리즈 설교 말씀은 3,000년 전 구약시대의 생생한 삶의 현장으로 우리를 직접 초대하기에 충분할 만큼 감동적이었다.

　오직 이 교회와 하나님밖에는 달리 의지할 곳이 없어 오늘도 이 자리에 나올 수밖에 없는 "사랑의교회" 성도님들! 이들에 대한 안타까움이 지금 이 순간 한꺼번에 밀려와 마음이 무척 아프고 답답하시다며 자신의 가슴을 몇 차례나 두드리시던 목사님! 사랑은 그리움을 동반한 아픔일 수밖에 없다. 이 같은 사랑의 감정은 "사랑의교회" 성도님들의 가슴시린 아픔이 마치 오정현 담임목사님 자신의 아픔처럼 느껴지는 그런 거룩한 마음이지 않겠는가? 나는 온몸에 전율이 느껴졌다. 당시에 나는 삶과 죽음이라는 위태로운 경계에 두 발을 양쪽으로 나누어 딛고 서 있었기 때문이다. 오직 하나님께서 베풀어 주시는 은혜와 기적밖에는 달리 더 구할 것이 없었던 시절! 혼신을 다하여 들려주시던 목사님의 설교 말씀은 연약한 우리 부부에게도 큰 위안과 힘이 되었다. 자신을 죽이려고 까지 했던 패역한 아들이었지만 "압살롬"이 죽었을 때 "차라리 내가 너를 대신하여 죽었더면" 하며 통곡했던 아버지, 다윗! 그 깊은 영적 고뇌를 어느 누가 감히 이해할 수 있노라고 선뜻 나설 수 있겠는가! 어쩌면 당시의 목사님께서도 이 같은 심정 아니셨을까? 은혜는 위로부터 아래로 흐르는 것이라고 말씀하시지 않았던가! 하나님의 깊은 사랑과 은혜 없이는 결코 가능한 일이 아니었을 것이다.

　"부족함이 많은 우리에게도 은혜를 베풀어 주시옵소서!"
　우리 부부의 눈물 어린 서원에 대해 하나님께서 응답해 주시길 간구하며

무엇이 우리를 아프게 하는가

우리 부부는 간절한 마음으로 기도드렸다. 지구가 공전, 자전을 멈추지 않듯 세월은 쉬지 않고 흐르고 있었고 우리는 하나님의 은혜로 이런 절망의 수렁에서 점차 벗어날 수 있었다.

어쩌면 우리에게 주어진 이 같은 고난의 과정은 우리가 영적으로 더욱 성장할 수 있는 계기가 된 것 같기도 하다. 나는 이 시련을 우리 삶 속에서 은밀하게 진행되고 있는 영적 전쟁의 일환으로 이해하고 있다.

사탄(Satan, 마귀)으로부터의 공격은 집요했고 성년이 된 이후부터 시작된 사탄과의 전투는 이 시기에 절정을 이루었던 것 같다는 생각도 든다. 사탄의 이런 간교한 공격을 받아 마음에 불안, 근심, 걱정과 공포, 두려움이 싹터 올 때 이를 막아낼 수 있는 유일한 무기는 애통한 마음으로 간절히 기도드리면서 흘리는 참회의 눈물일 것이다.

고난의 중심에 홀로 서 있었을 때 우리는 거의 매일 밤 수영로교회 이규현 목사님과 선한목자교회 유기성 목사님의 금요 철야 예배 설교 말씀을 유튜브(youtube)를 통해 듣는 것이 우리 부부 일상의 가장 큰 즐거움이기도 하였다. 당시의 진한 감동! 아직도 가슴이 설레 온다.

아이러니하게도 나는 이 고난의 시기에 아내를 더 깊이 사랑하게 되었고 진정 아내가 나보다 더 나은 나의 반쪽이라는 사실도 깨닫게 되었다. 아내는 기도하면서 무척이나 많이 울곤 했다. 유난히도 예뻤던 눈이 퉁퉁 부어 있던 모습을 볼 때마다 느꼈던 절망감은 나 자신의 존재감마저 인정하고 싶지 않은 심정이었으니 더 말해 무엇 하랴!

인간은 살면서 누구나 시련을 겪을 수밖에는 없을 것이다. 이런 시련이 자신의 인생에서 갖는 의미가 무엇인지를 어떻게 해석하고 또 여기에 어떻게 반응하느냐에 따라 우리의 삶의 방향은 달라질 것으로 생각한다.

사도 바울은 고린도교회에 보낸 두 번째 편지에서 우리의 정체성에 대해 다음과 같이 정의하고 있다.

> 무명한 자 같으나 유명한 자요, 죽은 자 같으나 보라 우리가 살아 있고, 징계를 받는 자 같으나 죽임을 당하지 아니하고, 근심하는 자 같으나 항상 기뻐하고, 가난한 자 같으나 많은 사람을 부요하게 하고, 아무것도 없는 자 같으나 모든 것을 가진 자로다.　　　　　　　　　　　　　　　　(고린도후서 6 : 9-10)

시련이 곧 축복이라는 하나님의 말씀을 붙잡고 아내와 나는 열심히 기도했다.

하나님 아버지!

지금 우리가 처한 현실이 이성적으로는 도저히 받아들여지지 않지만 그러나 하나님의 거룩한 섭리 속에 우리가 지금 이 자리에 있다는 것을 압니다.

이런 시련을 통해 우리를 축복하시려는 선한 계획 없이 하나님께서는

무엇이 우리를 아프게 하는가

그 어떤 고난도 허락하지 않으신다는 것도 저희는 잘 알고 있습니다.

하나님께서는 길이 없으신 곳에 길을 만드시며 또 적당한 때에 적당한 장소로 우리를 이끌어 주실 줄 믿습니다.

그리고 우리가 당장은 이해할 수 없는 어떤 방법으로 우리의 꿈을 현실로 꼭 이루어 주실 줄도 믿습니다.

또한, 하나님께서 계획하신 일이 무엇인지 지금은 알 수 없으나 이 같은 고난의 과정을 통해 우리를 더 크게 축복해 주실 줄 믿고 감사드립니다.

아멘.

인생을 살아가는 동안 가슴 뭉클함을 느낄 수 있는 감동적인 경험 없이 어찌 우리가 하나님의 깊은 은혜를 깨달을 수 있겠는가! 아내와 나는 기도 생활을 통해 하나님께서 주시는 진한 감동을 체험할 수 있었고 또 그렇게 우리는 본래의 제 모습을 찾아가고 있었다.

나는 아내를 어떤 땐 자상한 엄마처럼 또 어떤 땐 다정한 누이처럼 그리고 진정 특별한 연인으로 정말 사랑한다.

시련의 때에 더욱 아름답고 영롱한 빛을 발한 나의 사랑하는 아내 김갑숙 집사님! 당신은 하나님께서 내게 보내주신 내 인생 최고의 선물이며 축복입니다. 또한, 나를 악의 수렁에서 건져내기 위해 허다한 날 밤을 눈물로 지새우며 기도하던 당신은 우리 가정의 진정한 영웅입니다. 몇 번을 다시 태어난다 해도 나와 결혼할 수밖에 없을 것이라던 당신은 진정 나보다 더 나은 나의 반쪽, The Better Half입니다.

아내에게 한 없이 부족한 남편이긴 하지만 내 마음이 진솔하게 담겨있는 제이포스터의 詩를 마지막으로 이곳에 남기며 이만 붓을 내려 놓겠습니다.

"다시 태어나도 그대를 사랑하리"

다시 태어나도
그대를 사랑하고 싶은 것은
한 번이라도 나를 위해 울어준 사람이
바로 그대였기 때문입니다.

그대는 한 번도
그대 자신을 위해 울어본 적이 없는
그렇게도 강인한 사람이었지만
이렇게 연약한 나를 위하여
눈물을 보여 주었습니다.

다시 태어나도
그대를 사랑하고 싶은 것은
이제 내가 그대를 위해
울어줄 차례이기 때문입니다.

무엇이 우리를 아프게 하는가

【참고도서】

1. 『잡감문(雜感文)』 / 정범진 / 동문선

2. 『잊혀진 질문』 / 차동엽 / 명진출판사

3. 『고독이라는 병』 / 김형석 / 자유문학사

4. 『동양학 어떻게 할 것인가?』 / 김용옥 / 통나무

5. 『Q 스토리, 검사 30년의 추억』 /김규헌/ 큐렉스법률사무소

6. 『멘토는 길을 알고 있다』 / 전남련 / 양서원

7. 『문명의 창세기』 / 데이비드롤 / 해냄출판사

8. 『이것이 힉스다』 / 리사랜들 / 사이언스북스

9. 『다윈의 블랙박스』 / 마이클베히 / 풀빛

10. 『4차원의 영성』 / 조용기 / 교회성장연구소

11. 『Beyond Death's Door』 / Dr. Maurice Rawlings

12. 『성경은 신화가 아니다』 / 김정주 / 갈릴리

13. 『그리스도인의 재정원칙』 /크래그힐, 얼피츠/ 예수전도단

14. 『꿈꾸는 다락방』 / 이지성 / 국일미디어

15. 『하나님의 타이밍』 / 오스힐먼 / 생명의말씀사

16. 『고난은 있어도 절망은 없다』 / 김상복 / 규장

17. 『긍정의 힘』 / 조엘 오스틴 / 두란노

18. 『벼랑 끝에서 웃게 하시는 하나님의 은혜』 /강준민/두란노

19. 『고통을 다루시는 하나님의 손길』 /옥한흠/국제제자훈련원

20. 『시험이 없는 신앙생활은 없다』 /옥한흠/국제제자훈련원

무엇이 우리를 아프게 하는가

초판 1쇄 발행 2021년 6월 21일

지은이 장석봉
펴낸이 변성진
디자인 도서출판 위
펴낸곳 도서출판 위
주소 경기도 파주시 광인사길 115(문발동 507-8)
전화 031-955-5117 ∣ 팩스 031-955-5120
홈페이지 www.wegroup.kr

ISBN 979-11-86861-07-3 03010

• 책값은 뒤표지에 있습니다.
• 파본은 구입하신 서점에서 교환해 드립니다.